Hans Dietrich Engelhardt

Organisationsmodelle

Ihre Stärken - Ihre Schwächen

Hans Dietrich Engelhardt

Organisationsmodelle

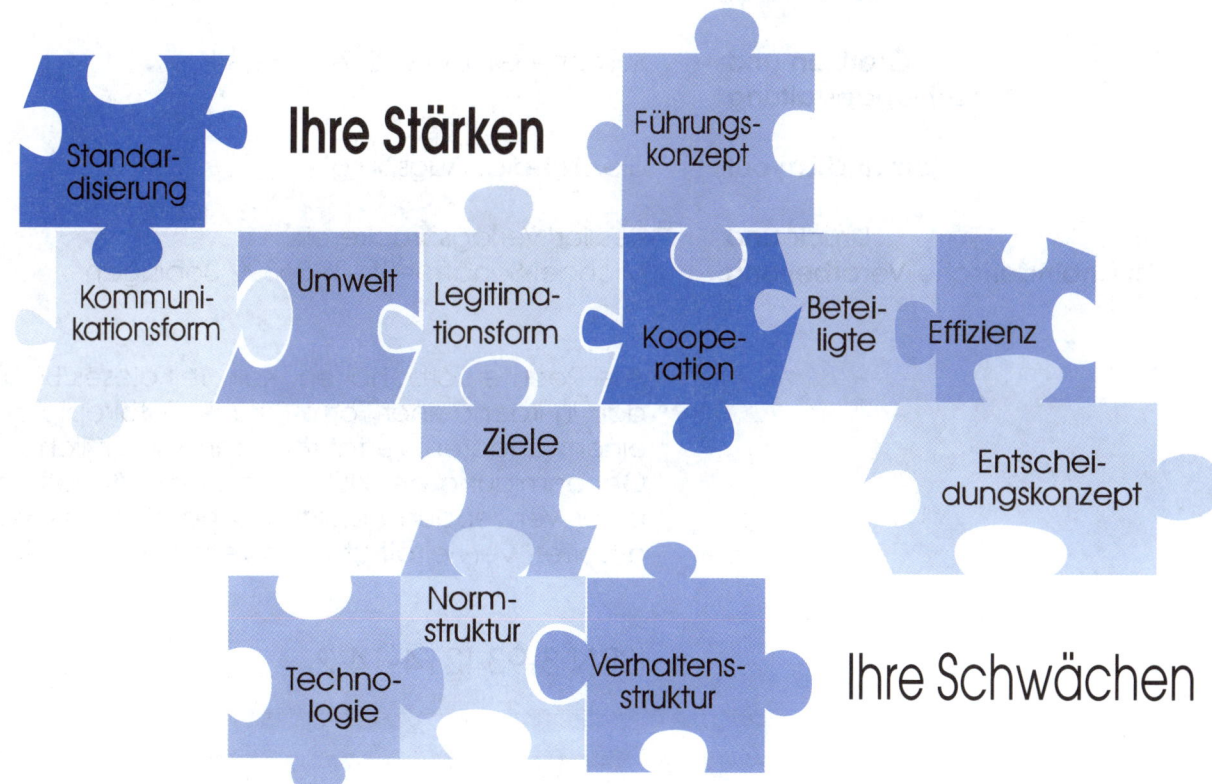

Ihre Stärken

Standardisierung · Führungskonzept · Kommunikationsform · Umwelt · Legitimationsform · Kooperation · Beteiligte · Effizienz · Ziele · Entscheidungskonzept · Normstruktur · Technologie · Verhaltensstruktur

Ihre Schwächen

Die Deutsche Bibliothek - CIP-Einheitsaufnahme

Engelhardt, Hans Dietrich:
Organisationsmodelle : Ihre Stärken – Ihre Schwächen / Hans Dietrich
Engelhardt. – 2., überarb. Aufl. – Augsburg : ZIEL, 1999
(Schwerpunkt Management)
ISBN 3-934214-14-2

Verlag   ZIEL – Zentrum für interdisziplinäres
                                     erfahrungsorientiertes Lernen GmbH
                                     Neuburger Str. 77, 86167 Augsburg

                                     2. überarbeitete Auflage 1999

Wissenschaftliche Beratung   Prof. Dr. Gotthart Schwarz
und Lektorat

Grafiken und   Susanne Grabowski, Alex Ferstl
Umschlaggestaltung

Satz und Layout   alex media, Augsburg

Druck und   Kessler Verlagsdruckerei
buchbinderische Verarbeitung   Michael-Schäffer-Str. 1, 86399 Bobingen

ISBN 3-934214-14-2

1	**Die Entwicklung von Organisationsformen:**	
	Vom solidarischen Familienbetrieb zum offenen Organisationsmodell	**13**
	Das rationale Organisationsmodell (ROM)	13
	Das natürliche Organisationsmodell (NOM)	15
	Das offene Organisationsmodell (OOM)	17
	Organisationsmodelle sind nicht übertragbar	19
2	**Zur Definition von Organisation**	**21**
	Das Dilemma der Abstraktion	21
	Merkmale/Elemente von Organisation	22
	Sozialstruktur	23
	Ziele	25
	Beteiligte	26
	Technologie	27
	Umwelt	28
	Die Größe der Organisation	30
	Betriebsgrößen im Sozial- und Gesundheitsbereich	31
	Struktur und Prozeß	32
	Ziele und Teilziele klären	33
	Zielführende Arbeitsabläufe klären und festlegen	35
	Legitimationsformen der MitarbeiterInnen klären	37
	Struktur entwickeln - Standortbestimmung	38
	Exkurs zum Begriff „Non – Profit – Organisationen"	43
3	**Der Einfluß des gesellschaftlichen Wandels auf Organisationen**	**45**
	Individualisierung	48
	Soziale Differenzierung	49
	Berufliche Spezialisierung	50
	Rationalisierung	52
	Die Rechtsentwicklung im Sozialbereich	53
	Wettbewerb - Marktwirtschaft	54
	Zusammenfassung	59
4	**Das rationale Organisationsmodell**	**61**
	Zur geschichtlichen Ausgangslage	61
	Das zentrale Interesse	62
	Die Sozialstruktur	62
	Die Beteiligten	66
	Die Technologie	67

Übersicht der Schaubilder, Grafiken und Tabellen

Vorwort

Alle zielgerichteten Aktivitäten bedürfen, um wirksam zu werden, der Organisation. Einzelne Personen setzen sich Ziele, erwägen verschiedene Möglichkeiten der Verwirklichung, wählen darunter aus, beschaffen erforderliche Materialien und Werkzeuge, überlegen die Reihenfolge und den zeitlichen Ablauf notwendiger Tätigkeiten usw. Viele Menschen nehmen sich schwierige Aufgaben erst gar nicht vor, weil sie sich ihnen nicht gewachsen fühlen. Sehr viel schwieriger wird es, wenn mehrere oder viele Menschen zusammenwirken wollen oder müssen, um eine Aufgabe zu lösen oder ein Problem zu bewältigen. Dann werden vielfältige Abstimmungen notwendig: *Problemlösung*

❑ welches Ziel angestrebt wird,

❑ welche Tätigkeiten zur Zielerreichung auszuführen sind,

❑ welche Personen diese Tätigkeiten übernehmen,

❑ welche Materialien in welcher Menge benötigt werden,

❑ welche Verfahren jeweils für die einzelnen Tätigkeiten geeignet erscheinen,

❑ welche Fähigkeiten diese Verfahren von den Ausführenden erfordern,

❑ wie die Ausführenden entlohnt werden sollen,

❑ in welcher Reihenfolge die einzelnen Tätigkeiten auszuführen sind,

❑ wie die einzelnen Tätigkeiten zielbezogen koordiniert werden sollen,

❑ wer solche Koordinationsaufgaben übernimmt,

❑ welche Qualifikationen er/sie dafür mitbringen muß,

❑ wie die Mitwirkenden entlohnt werden,

❑ wie das Projekt finanziert werden soll...........

Das Ergebnis solcher Abstimmungsprozesse nennt man Struktur, die - was der Fragenkatalog zeigt - verschiedene unterschiedlich systematisierbare Elemente umfaßt. Welche Struktur ist jedoch geeignet, um ein bestimmtes Ziel zu erreichen? *Struktur*

Das Puzzle auf dem Bucheinband veranschaulicht die Aufgabe: Man muß die verfügbaren Strukturelemente so zusammenfügen, so miteinander verbinden, daß sie für die konkreten Ziele und Bedingungen passen. Dazu bietet dieses Buch auf dem Hintergrund von Forschungs- und Erfahrungswissen Informationen, Ideen und Begründungen und zwar *Organisation als Puzzle*

❑ zur Entwicklung von Organisationsmodellen,

❑ zu Grundbegriffen und organisationsspezifischen Zusammenhängen

❑ und den treibenden Kräften für Organisationsveränderung;

❑ zu drei typischen Strukturmodellen,

❑ ihren Stärken,

❏ ihren Schwächen,

❏ ihrer Eignung;

❏ zu einzelnen Strukturelementen

❏ und ihren Kombinationsmöglichkeiten.

Sichtweisen von Organisation

Sind die Abstimmungsprozesse in einer Organisation schon inhaltlich und sachlich schwierig genug, so werden sie zusätzlich kompliziert durch die verschiedenen Interessen und Sichtweisen, die auf Organisationen gerichtet werden. Je nach Organisationsart ergeben sich unterschiedliche Interessenkonstellationen. Die folgende Graphik stellt am Beispiel sozialer Einrichtungen, die man auch als soziale Betriebe auffassen kann, die wichtigsten, aber keineswegs alle Interessenvertreter zusammen:

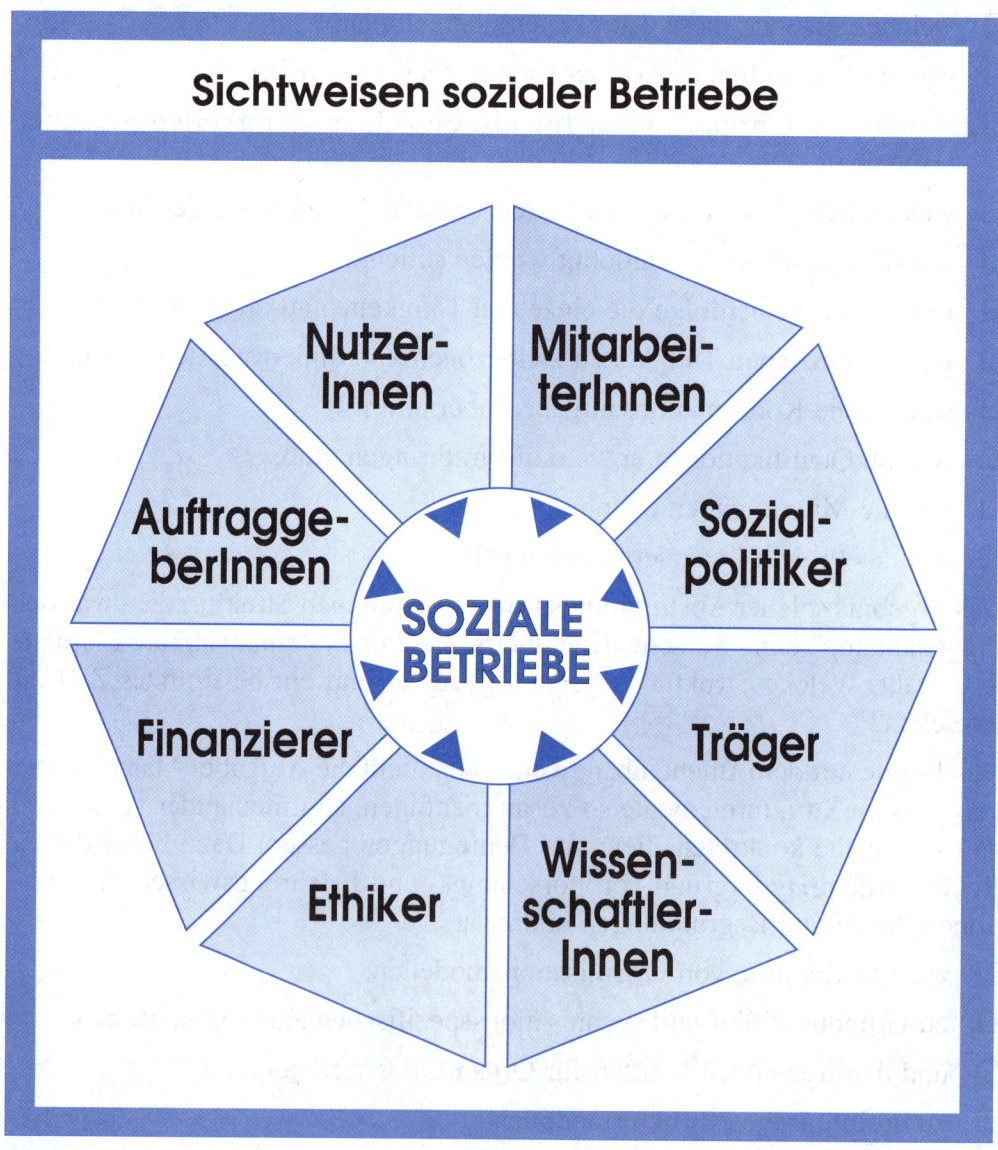

Abb. 1

Noch einmal komplizierter wird die Sachlage, weil man sich in den einzelnen Interessengruppen oft nicht einig ist. Dies zeigt die folgende Graphik am Beispiel der Wunschvorstellungen der Bundesbürger an das ideale Unternehmen:

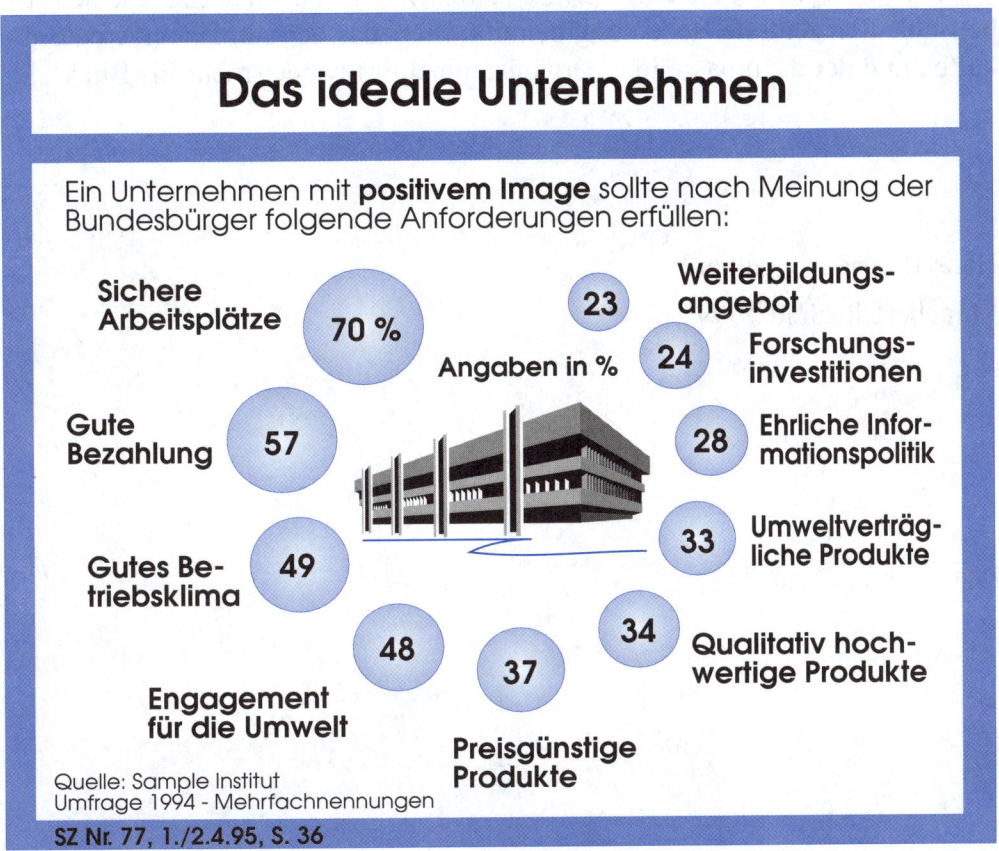

Das ideale Unternehmen

Ein Unternehmen mit **positivem Image** sollte nach Meinung der Bundesbürger folgende Anforderungen erfüllen:

Sichere Arbeitsplätze — 70 %
Weiterbildungsangebot — 23
Angaben in %
Forschungsinvestitionen — 24
Gute Bezahlung — 57
Ehrliche Informationspolitik — 28
Umweltverträgliche Produkte — 33
Gutes Betriebsklima — 49
Qualitativ hochwertige Produkte — 34
Engagement für die Umwelt — 48
37 — Preisgünstige Produkte

Quelle: Sample Institut
Umfrage 1994 - Mehrfachnennungen

SZ Nr. 77, 1./2.4.95, S. 36

Abb. 2

Jede Struktur ist letztlich das Ergebnis von manchmal mühseligen Auseinandersetzungen, in denen auf der Grundlage der Machtverhältnisse die Vermittlung von innerer und äußerer Dynamik eine vorläufige, labile Balance gefunden hat. Organisationen handeln oft nicht als rationale Systeme (Pfeffer 1978), sondern folgen den Interessen derer, die sich den größten Einfluß verschaffen konnten. Dies gilt gerade für soziale Einrichtungen, weil sie keiner nennenswerten Kontrolle durch NutzerInnen unterliegen und in ihrem Bestand selten, wenn auch in letzter Zeit häufiger gefährdet sind. Im Interesse der NutzerInnen und all derer, die sich für leistungsfähige soziale Einrichtungen einsetzen, stelle ich für zielorientierte Organisationsstrukturen Materialien und Argumentationshilfen in den Mittelpunkt dieses Beitrags, damit sich die Inhalte gegenüber anderen Interessen immer mehr durchsetzen.

*Machtverhältnisse
und Struktur*

Qualitätsmanagement als Bezugspunkt

Die Auseinandersetzung mit Qualitätsmanagement hat mich dazu veranlaßt, in der zweiten Auflage im Kapitel 2 die Ausführungen zu den Arbeitsabläufen und ihrer Beziehung zur Struktur gründlich sowie Ausschnitte aus Kapitel 7 geringfügig zu überarbeiten und das Literaturverzeichnis zu ergänzen. Total Quality Management als eine Form systemischer Vorgehensweise, die den Arbeitsabläufen zentrale Bedeutung beimißt, rückt das Verhältnis von Arbeitsabläufen und der dazu passenden Organisationsform wieder mehr ins Blickfeld.

Hans Dietrich Engelhardt
München, im Juni 1999

1 Die Entwicklung von Organisationsformen: Vom solidarischen Familienbetrieb zum offenen Organisationsmodell

An dieser Stelle möchte ich mit einer Skizze der Theorieentwicklung einsetzen, weil sie einige weiterführende Perspektiven eröffnet, die ich im Verlauf dieses Beitrags weiterverfolgen und differenzieren will. Zunächst sollen drei Organisationstypen (vgl. Scott 1986:42-51, 92-172) in der Reihenfolge ihrer geschichtlichen Herausbildung in Kurzportraits dargestellt werden. In Kapitel 2 sollen einige grundlegende begriffliche Klärungen vorgenommen werden. Kapitel 3 beschreibt und analysiert die gesellschaftlichen Veränderungen, die Organisationen zur Veränderung ihrer Strukturen und Handlungsmuster veranlassen. Dieselben Organisationstypen, die man auch als Sichtweisen von Organisation betrachten kann, beschreibe ich in den Kapiteln 4 bis 6 anhand typischer Kriterien, untersuche sie auf ihre Stärken und Schwächen sowie die damit verbundenen Funktionsbedingungen. In Kapitel 7 soll aufgezeigt werden, welche Bausteine der drei Modelle in Bezug auf die Ziele und die jeweils zweckmäßigen Verfahren zur Zielerreichung sinnvoll kombiniert werden können, um Mängel der Modelle auszugleichen oder zu mindern.

Theorieentwicklung

Wirtschaftsbetriebe der vorindustriellen Zeit waren weit überwiegend bäuerliche oder gewerbliche Familienbetriebe, deren hervorstechendes Merkmal die interpersonale, diffuse Solidarität der Mitglieder war, durch die mehr oder weniger alle Bedürfnisse der Beteiligten befriedigt werden sollten. Zwar gab es auch hier grundsätzlich eine Arbeitsteilung mit bestimmten Aufgabenbereichen insbesondere für Mann und Frau. Diese Arbeitsteilung wurde aber häufig durchbrochen. Demgegenüber setzte man in den neu entstehenden Industriebetrieben auf spezialisierte Produktion, präzise Aufgabenteilung und gewinnorientierte Rationalität, die alle Arbeitsbereiche bestimmen sollten. Persönliche und gefühlsbetonte Bezüge galten als störend und produktionshemmend; sie wurden so weit als möglich aus dem Arbeitszusammenhang ausgeklammert.

Wirtschaftsbetriebe der vorindustriellen Zeit

Das rationale Organisationsmodell (ROM)

Die besondere Betonung der Rationalität hat diesem Organisationstyp die Bezeichnung *rationales Modell* eingebracht, die ich von Scott (1986:43) übernehme. Das einleitende Kurzportrait des rationalen Organisationsmodells (ROM) umfaßt folgende Merkmale:

Rationales Modell

❏ strikt hierarchische Organisationsform mit der Bündelung der Entscheidungs- und Kontrollbefugnisse an der Organisationsspitze;

❏ Entscheidungen werden von einzelnen Personen getroffen: Ein-Mann-Prinzip

❏ Institutionalisierung der vertikalen Kommunikationswege,

13

❏ ein differenziertes System von Regeln, das allen MitarbeiterInnen Zuständigkeiten, Entscheidungsbefugnisse, Verfahrensweisen, Arbeitsabläufe detailliert vorschreibt;

❏ weisungsgebundene, im wesentlichen ausführende MitarbeiterInnen mit geringen Entscheidungskompetenzen;

❏ ausschließlich aufgabenbezogene Einbeziehung der MitarbeiterInnen;

❏ Organisationen gelten als rational geplante Systeme;

❏ Konsequente Mittel - Ziel - Orientierung;

❏ mechanistisches, geschlossenes System.

Die folgende Graphik kann einige dieser Merkmale auch visuell ausdrücken.

Abb. 3

Geistige Wurzeln

Das ROM hat seine geistigen Wurzeln in einer Tradition, die durch Namen wie Hobbes, Lenin, Saint-Simon, Max Weber symbolisiert ist.

Die Erfahrungen mit dem ROM zeigten jedoch, daß Rationalität der Organisation, der Planung und des Regelsystems nur begrenzt rationales Verhalten bewirkt. Auch straffe Kontrolle konnte in Organisationen nach dem Grundmuster des ROM nicht verhindern,

14

❏ daß die Organisationsmitglieder sich nicht immer an die Verhaltensvorschriften hielten,

❏ und daß sich neben und zum Teil als Alternative zu den vorgeschriebenen Regeln informelle Normen, Verhaltensweisen und Autoritätsstrukturen entwickelten.

Das natürliche Organisationsmodell (NOM)

Es wurde offensichtlich, daß die Wegbereiter des ROM die rationalen Bestimmungsfaktoren menschlichen Lebens überschätzt hatten. So kam es dazu, daß sich eine neue Theorieströmung formierte, die, wie die Human-Relation-Schule zeigt, sich ebenfalls auf Wirtschaftsbetriebe bezog und an den Mängeln des ROM ansetzte. Das zentrale Interesse dieser Theorieströmung richtete sich auf das Beziehungsgefüge in der Organisation. Man betont diejenigen Merkmale von Organisationen, die sie mit anderen natürlich gewachsenen sozialen Systemen gemeinsam haben. Für diese Theorieströmung stand der Organismus, nicht die rationale Planung sozialer Systeme, Pate. Dementsprechend wird dieser Organisationstypus als *natürliches Organisationsmodell* (NOM) bezeichnet. Seine Entwicklung erfolgte wesentlich durch die Human-Relation-Schule (Roethlisberger/Dickson 1939, Mayo 1945) und steht in engem Zusammenhang mit der strukturell-funktionalen Theorie (Selznick 1948; Aberle 1950; Parsons 1951, 1961 u.a.). Das Kurzportrait des NOM umfaßt folgende Merkmale:

Natürliches Organisationsmodell

❏ es besteht eine eher flache Hierarchie;

❏ Entscheidungsfindung erfolgt durch Aushandlungsprozesse und wird letztlich durch die hierbei erfolgreichen Personen, durch "dominante Koalitionen", bewirkt;

❏ zentrale Bedeutung hat die Verhaltensstruktur; es gibt zwar eine formalisierte, normative Struktur, ihr wird aber wenig Bedeutung beigemessen;

❏ Organisationsmitglieder werden als individuell geprägte Gesamtpersönlichkeiten, für die die Organisation Verantwortung zu übernehmen hat, ernst genommen;

❏ Kollegialität und gutes Arbeitsklima werden hoch bewertet;

❏ in Organisationen werden die Aspekte betont, die sie mit anderen natürlichen Sozialsystemen gemeinsam haben;

❏ als gemeinsames Ziel gilt der Fortbestand der Organisation, an dem alle Mitglieder interessiert sind;

❏ in diesem Rahmen lassen sich Organisationsmitglieder auf die Vereinbarung von Arbeitsaufgaben ein;

❏ Organisationen gelten bei den meisten VertreterInnen als geschlossene Systeme.

Im Vergleich zum ROM fällt die eher netzartige Interaktionsstruktur des NOM auf, die Grundlage für andere wichtige Merkmale ist.

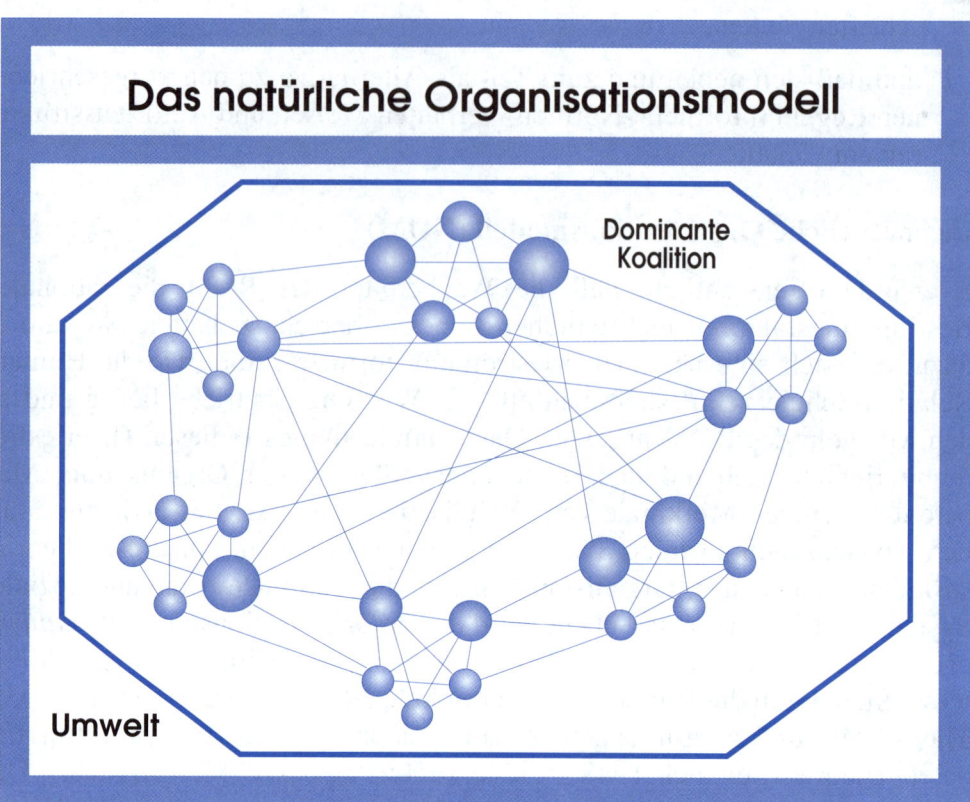

Das natürliche Organisationsmodell

Dominante Koalition

Umwelt

Abb. 4

Das NOM hat seine geistigen Wurzeln in der Tradition, die durch die Namen Rousseau, Proudhon, Durkheim, Mayo u.a. symbolisiert wird.

Zeitliche Reihenfolge

Obwohl das ROM und das NOM beide auf einer stolzen Ahnenreihe und ihren Denktraditionen aufbauen, ist in der Theorieentwicklung eine klare zeitliche Reihenfolge erkennbar; sie ist vor allem aus dem geschichtlichen Gesamtzusammenhang und den gesellschaftlichen Rahmenbedingungen für Organisationen, die wir später beschreiben, zu erklären. Prinzipiell bekannte, geistesgeschichtliche Traditionen werden dann aktiviert, wenn sie im gesellschaftlichen Wandel für die Bewältigung anstehender Probleme nützlich sind. Für diese Erklärung spricht auch, daß sich TheoretikerInnen und PraktikerInnen in den industrialisierten Ländern in verschiedenen Zeiträumen mit den vorgestellten Organisationsmodellen befaßt haben und daran in Deutschland über viele Jahrzehnte insgesamt geringes Interesse bestand. Offensichtlich funktioniert das ROM vorzugsweise unter stabilen Umweltbedingungen, während das NOM eher auf dynamische Situationen bezogen ist (Lawrence/Lorsch 1967:183). Wir werden später darauf eingehen, daß neben den Umweltbedingungen noch weitere Faktoren die Eigenart der Organisationsform bestimmen.

Das offene Organisationsmodell (OOM)

Hatte das ROM die rationalen Elemente menschlichen Zusammenlebens besonders hervorgehoben, so stehen im NOM die informellen, natürlichen, organisch gewachsenen Anteile im Mittelpunkt. Man könnte die beiden Theorieströmungen auch als These und Antithese auffassen, deren Gegensätze durch die neue Perspektive, die durch das *offene Organisationsmodell* (OOM) eingeführt wird, aufgehoben werden. In systemischer Betrachtungsweise wird die Organisation als Teil eines komplexen Gefüges sozialer Einheiten gesehen. Die Austauschbeziehungen zwischen der Organisation und diesem komplexen Gefüge (Umwelt) rücken im OOM in den Mittelpunkt des Interesses. Der rasche gesellschaftliche Wandel macht den Fortbestand der Organisation in einer sich laufend verändernden Umwelt zum beherrschenden Thema. Das Kurzportrait des OOM umfaßt folgende Merkmale:

Offenes Organisationsmodell

❏ es besteht eine flache Hierarchie mit Delegation und Dezentralisierung von Entscheidungen;

❏ Entscheidungen werden kooperativ auf der Grundlage funktionaler Autorität getroffen, in wechselnden dominanten Koalitionen ausgehandelt;

❏ wichtigster Bezugpunkt ist die Gestaltung der Austauschbeziehungen der Organisation mit der Umwelt, durch die die Organisation fortbesteht;

❏ die Elemente von Organisation (vgl. Kapitel 2), vor allem die Sozialstruktur, sind Werkzeuge zur Optimierung der Austauschbeziehungen mit der Umwelt;

❏ Arbeitsaufgaben werden mit den Beteiligten ausgehandelt;

❏ die Organisationsmitglieder werden als individuelle Gesamtpersönlichkeiten gefördert und gefordert und gelten als wichtigste Ressource der Organisation;

❏ die Organisation wird als offenes System betrachtet, das sich durch die Austauschbeziehungen mit der Umwelt in einem ständigen Veränderungsprozeß befindet;

❏ systematische Personal- und Organisationsentwicklung sind die Maßnahmenbündel, mit denen die Organisation ihre Anpassung an die sich ständig verändernden Umweltverhältnisse betreibt;

❏ die rationale innerorganisatorische Planung wird erweitert in systemische Steuerungsformen.

Die graphische Darstellung veranschaulicht besonders die Orientierung an den Austauschbeziehungen mit der Umwelt und die netzartige Binnenstruktur.

17

Das offene Organisationsmodell

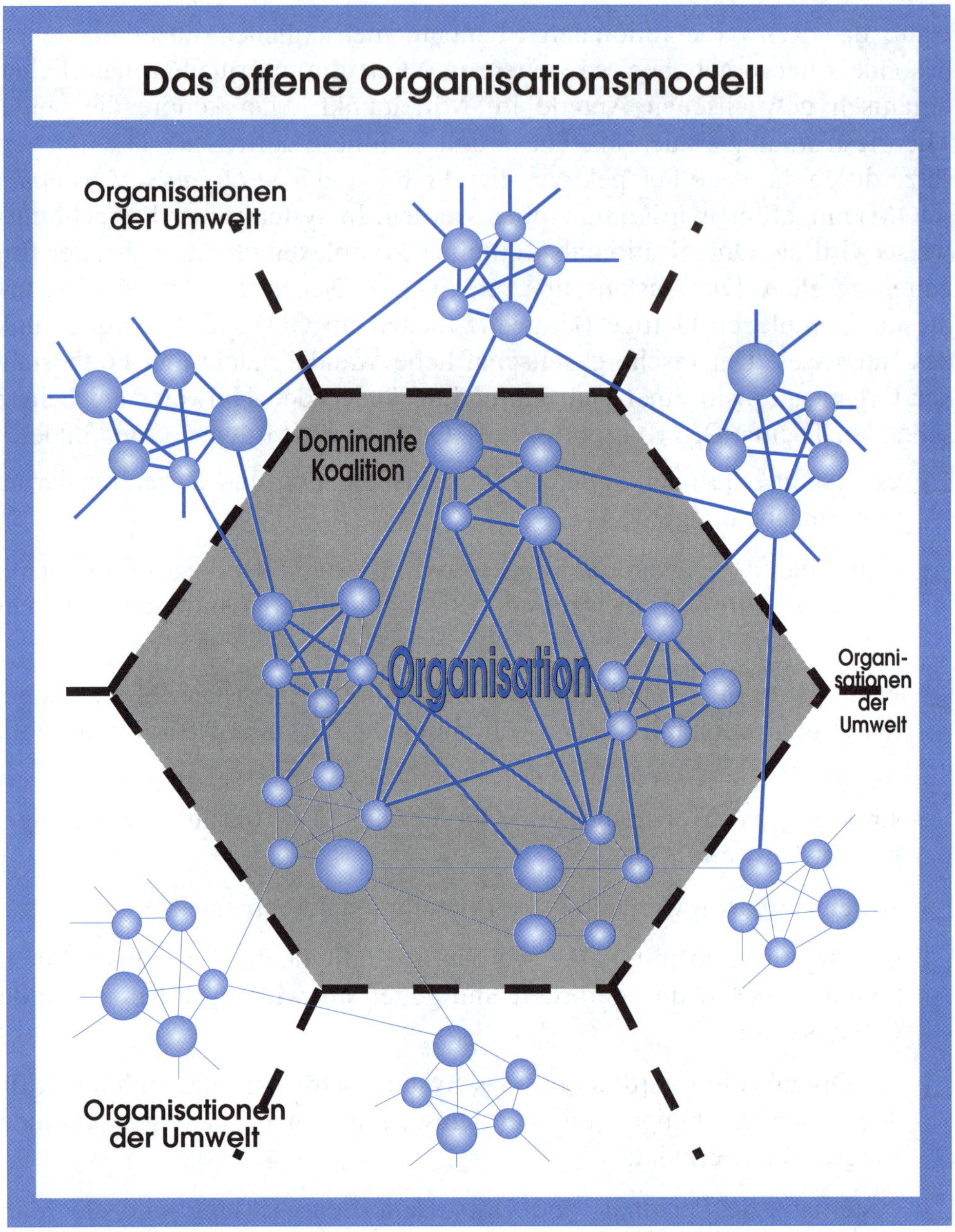

Organisationen der Umwelt

Dominante Koalition

Organisation

Organisationen der Umwelt

Organisationen der Umwelt

Abb. 5

Geistige Wurzeln

Die Entwicklung des OOM ist noch im Gange; es hat seine geistigen Wurzeln in den neueren Denkrichtungen der Ökologie, der Kybernetik und der Systemtheorie, deren hier allgemeine Version z.B. durch F. Vester (1984) und F. Capra (1992), und deren sozialwissenschaftliche Form z.B. durch W. Buckley (1967) und N. Luhmann (1985) bekannt geworden sind.

Das ROM, das NOM und das OOM können als unterschiedliche Sichtweisen von Organisation aufgefaßt werden, die bestimmte wichtige Gesichtspunkte von bleibender Bedeutung ins Blickfeld rücken. Es kommt darauf an, diese bleibenden Erkenntnisse herauszuarbeiten.

In der beobachtbaren Organisationsvielfalt finden wir zahlreiche Beispiele, die den dargestellten Organisationstypen in hohem Maße entsprechen, sowie zahlreiche Zwischenformen und Kombinationen aus ihren Elementen. Gerade öffentliche und soziale Dienstleistungseinrichtungen stimmen häufig in hohem Maße mit dem rationalen Organisationsmodell überein, obwohl ihre Aufgaben andere Organisationsformen nahelegen würden.

Organisationsvielfalt

Es kommt deshalb darauf an, die Stärken, Schwächen und Funktionsbedingungen der drei Organisationsmodelle herauszufinden.

Die vielfältigen, feststellbaren Organisationsformen verweisen jedoch auch die ursprüngliche Hoffnung, es gebe ein für alle Zwecke optimales Organisationsmodell, ins Reich der Träume und Illusionen. Im Gegenteil: Erfahrungen mit und Erforschung von Organisationen zeigen immer deutlicher, daß für jedes Ziel unter den jeweils gegebenen Rahmenbedingungen die passende Organisationsform in Maßarbeit entwickelt werden muß. Dieser Leitsatz wird immer wieder neu bestätigt. Auch Selbsthilfeinitiativen entwickeln gemäß ihren Problemen, Zielsetzungen und Bedingungen jeweils spezifische Organisationsformen (Engelhardt/Simeth/Stark 1995).

Organisationsform in Maßarbeit

Organisationsmodelle sind nicht übertragbar

Der kritische Rückblick kann einige wichtige Fehleinschätzungen freilegen, vor denen wir uns auch jetzt immer wieder in Acht nehmen sollten:

Organisationsmodelle sind nicht übertragbar

❑ Erfahrungen mit Organisationen in einem bestimmten Bereich können nicht ohne weiteres auf Organisationen in einem anderen Bereich übertragen werden. So können bewährte Organisationsstrukturen z.B. kleiner privatwirtschaftlicher Betriebe nicht für größere privatwirtschaftliche Betriebe oder gar soziale Einrichtungen oder Interessenverbände übernommen werden, weil die Entwicklung einer Organisationsstruktur Bezug nehmen muß auf

– die Ziele der Organisation,

– die subjektiv und objektiv wirksamen Legitimationsformen,

– die Standardisierung bzw. Standardisierbarkeit der Produktionsabläufe oder der Erbringung der Dienstleistungen,

– die Produktionsabläufe (Woodward 1965: 68-72, 1971: 155-158),

– die konkreten organisationsinternen und externen Rahmenbedingungen der Organisation.

Streng genommen kommen "Übertragungen" praktisch nicht in Betracht, weil mit einer Übereinstimmung der genannten Faktorengruppen kaum je zu rechnen ist. Verallgemeinerungen sind also nur sehr begrenzt möglich und sollen in ihrem begrenzten Aussagewert stets überdacht werden. Im Einzelfall geht es jeweils darum zu prüfen, welche Veränderungen und Modifikationen einer vorgegebenen Organisationsstruktur vorgenommen werden müssen, um den jeweiligen konkreten Bedingungen vor Ort gerecht zu werden. Bestehende Organisationsstrukturen können zwar als Vorbilder, Modelle und Anregungen dienen.

⇨ Soll eine Organisationsstruktur neu entwickelt oder verändert werden, so muß es sich stets um eine Maßanfertigung für die konkrete Bedingungskonstellation handeln.

Komplexität ihres Arbeitsfeldes

ForscherInnen und OrganisationspraktikerInnen haben immer wieder die Komplexität ihres Arbeitsfeldes unterschätzt; sie konzentrierten sich zu sehr auf einen Leitgedanken und vernachlässigten wichtige andere Einflußfaktoren. So haben die "Rationalisten" im Gefolge von Taylor und Max Weber die informellen Beziehungen und personenbezogenen Aspekte, die am Organismus orientierten ForscherInnen der "Human - Relation - Schule" die formalen Regelungssysteme, und beide die Umwelteinflüsse grob mißachtet. Möglicherweise werden die WegbereiterInnen des OOM später bezichtigt, sie hätten die physischen und psychischen Kräfte der Organisationsmitglieder überfordert und ihren vorzeitigen Verschleiß eingeleitet. Kritik könnte auch daran geübt werden, daß die ethische Dimension bei der Instrumentalisierung aller Organisationselemente verlorengegangen sei. Darauf gehe ich in Kapitel 7 ein. Die Komplexität einer Organisation wird also eher unter- als überschätzt.

⇨ Um derartige Fehleinschätzungen zu minimieren, sollte der Gesamtzusammenhang, in dem eine Organisation verortet werden kann, zunächst sorgfältig systemisch untersucht werden. Auf dieser Grundlage, also aus der Kenntnis des Gesamtzusammenhangs, kann dann eine Reduzierung des Untersuchungs- bzw. Erprobungsgegenstandes vorgenommen und begründet werden.

Die universalen Geltungsansprüche

☐ Der rasche gesellschaftliche Wandel bringt neue Problemstellungen mit sich, die auch bei großer Umsicht und Qualifikation von ForscherInnen und PraktikerInnen nicht vorhergesehen werden können. Gegenüber universalen Geltungsansprüchen ist also Skepsis angebracht und darauf hinzuweisen, daß Organisationsstrukturen jeweils als Reaktionen auf bestimmte geschichtliche Bedingungen und Zusammenhänge zu sehen sind.

⇨ Organisationsstrukturen sollten deshalb für künftige Entwicklungen offen sein, d.h. sie sollten so entwickelt werden, daß Neuerungen möglich bleiben oder gezielt herbeigeführt werden können.

Prozeß

Der rasche gesellschaftliche Wandel verschiebt die Blickrichtung von der statischen auf die dynamische Betrachtungsweise, von der Struktur auf den Prozeß.

⇨ Damit verschiebt sich auch der Schwerpunkt der OrganisationspraktikerInnen von den Regeln der Organisation auf die Regeln des Organisierens.

20

2 Zur Definition von Organisation

Das normative Dilemma

Die vorausgegangene geschichtliche Darstellung hat deutlich gemacht, daß die drei skizzierten Organisationsmodelle jeweils normative Überzeugungen enthalten, nur bestimmte Aspekte aufnehmen und thematisieren, andere übersehen, einseitig beurteilen oder unterbewerten. Auch wir sind vor derartigen Verzerrungen natürlich nicht gefeit. Durch normative Festlegung engen die drei dargestellten Sichtweisen von Organisation, die man auch in Definitionen fassen kann, das Untersuchungs- und Praxisfeld "Organisation" jeweils ein. Dennoch haben alle drei Perspektiven Erkenntnisgewinne gebracht. Es ist mir hier daran gelegen, die Definition von Organisation so neutral und formal wie möglich zu gestalten, um das Untersuchungsfeld Organisation für möglichst viele Sichtweisen offen zu halten.

Das normative Dilemma

Das Dilemma der Abstraktion

Ein zweiter beachtenswerter Gesichtspunkt bei der Definition von Organisation liegt in der ungeheuren Vielfalt und Komplexität von Organisationen. Je konkreter man Organisation bestimmt, desto mehr schränkt man die Zahl und das inhaltliche Feld von Organisationen ein, für die eine solche Definition Aussagekraft gewinnt. Man versuchte diesem Dilemma immer wieder durch Organisationstypologien zu entgehen. Umgekehrt schließt eine sehr abstrakte Definition zwar mehr oder weniger alle Organisationen ein; sie tut es aber auf Kosten der Aussagekraft für die vielen einzelnen Organisationen, weil deren spezifische Ausprägung, die sie von anderen Organisationen unterscheidet und ihr inhaltliches Profil ausmacht, im Abstraktionsprozeß auf der Strecke geblieben ist und mit ihr alle die konkreten Gesichtspunkte, die für diese Organisationen entscheidende Bedeutung haben. Ob man nun eine relativ konkrete oder eine abstrakte Definition wählt, in jedem Fall werden damit bestimmte Aspekte ins Blickfeld gerückt, während andere kaum oder gar nicht berücksichtigt werden. In diesem Dilemma entscheide ich mich in dem Bewußtsein, andere wichtige Gesichtspunkte weniger erfassen zu können, für eine abstrakte, formale Definition,

Das Dilemma der Abstraktion

Formale Definition

❏ weil damit Raum für unterschiedliche Sichtweisen von Organisation bleibt,

❏ weil auf diese Weise eine größere Reichweite der Aussagen erreicht wird,

❏ weil vor allem auf dieser abstrakten Ebene die hier angestrebten Aussagen über die Stärken, Schwächen, Funktionsbedingungen und Kombinationsmöglichkeiten der durch die drei Modelle gelieferten Bausteine möglich ist, und

❏ weil die dabei aufzugreifenden Probleme und Fragestellungen in der aktuellen Diskussion über die Gestaltung von Organisationen bedeutsam sind.

21

Merkmale/Elemente von Organisation

Merkmale

In Anlehnung an Scott (1986: 35-52) definiere ich:

Organisationen sind Kollektivitäten, die durch die Merkmale

❑ Ziele

❑ Sozialstruktur

❑ Technologie

❑ Beteiligte

gekennzeichnet sind und in Austauschbeziehungen mit ihrer Umwelt stehen.

Die Merkmale von Organisationen

Sozial-struktur — Umwelt — Organisation — Technologie — Ziele — Beteiligte

Quelle: Scott 1986:36

Abb. 6

Wechselbeziehungen

Wie die Pfeile in der Abbildung bereits andeuten, stehen diese Elemente in Wechselbeziehungen, die entgegen strikter Interdependenz als lockere Verkopplung aufzufassen sind. Lockere Verkopplung bedeutet, daß die einzelnen Elemente zwar voneinander abhängig sind, sich in bestimmtem Ausmaß aber auch eigenständig entwickeln können, ohne Veränderungsprozesse bei den anderen Elementen nach sich zu ziehen. So können z.B. durch Fluktuation bei den Beteiligten = Mitgliedern der Organisation gewisse Änderungen eintreten, ohne daß sich die Ziele der Organisation, ihre Technologie, d.h. die übliche Art Arbeitsaufgaben zu erledigen und ihre Sozialstruktur ändern.

22

Die einzelnen Elemente können je für sich oder in ihren Beziehungen zueinander untersucht werden und rücken dabei jeweils bestimmte Ausschnitte in den Mittelpunkt der Betrachtung.

Was bedeuten diese abstrakten Begriffe Sozialstruktur, Ziele, Technologie und Beteiligte?

Sozialstruktur

Die Sozialstruktur umfaßt die formale, normative Struktur der Organisation und die Struktur des Verhaltens der Organisationsmitglieder. Beide sind keineswegs identisch, aber aufeinander bezogen. Die normative Struktur beinhaltet

Die normative Struktur

❑ Werte und Ziele, die den Beteiligten auferlegt werden;

❑ allgemeine Verhaltensregeln, die für mehr oder weniger alle Beteiligten gelten;

❑ aufgabenbezogene Verhaltensnormen, d.h. Rollenerwartungen an einzelne Beteiligte;

❑ Regelungen für die Beziehungen zwischen den InhaberInnen von Rollen/Arbeitsaufgaben, d.h. Über- und Unterordnungsverhältnisse.

Mit der Entwicklung einer normativen Struktur ist die Erwartung verbunden, daß sie eine zielbezogene Regelhaftigkeit und Berechenbarkeit des Verhaltens bewirkt.

Verhaltensstruktur

Die Verhaltensstruktur meint das Geflecht der tatsächlich gelebten Normen und Verhaltensweisen, die sich aufgrund persönlicher Kontakte der Beteiligten entwickeln, ein eigenständiges, netzartiges soziales Gefüge neben der formalen normativen Struktur darstellen und deshalb auch als informelle Struktur bzw. informelle Verhaltensweisen bezeichnet werden. Langjährige Forschungen und Erfahrungen zeigen, daß es in Organisationen regelmäßig sowohl die formale normative Struktur als auch die Verhaltensstruktur gibt. Das Verhältnis beider zueinander und ihr jeweiliger Stellenwert können jedoch sehr unterschiedliche Ausprägungen annehmen. Informelle Verhaltensweisen werden durch die formellen Kontrollsysteme nur teilweise erfaßt, zielen häufig auch auf Umgehung bzw. Ausschaltung formeller Kontrolle.

In jeder Organisation ist es eine wichtige Frage, wie mit informellen Verhaltensweisen umgegangen wird: welche geduldet, gefördert, sanktioniert oder unterbunden werden. Schließlich weisen informelle Verhaltensweisen auch auf vermeidbare, d.h. besserungsfähige und prinzipielle d.h. kaum behebbare Mängel des formalen Regelsystems hin. Unter dem Gesichtspunkt von Ordnung und Normkonformität kann man informelle Verhaltensweisen als abweichendes Verhalten einstufen, bestrafen und mit verschärften Kontrollen reagieren. Es gibt zahlreiche Fälle, für die derartige Reaktionsmuster plausibel zu begründen sind. Unter dem Gesichtspunkt der Funktionsfähigkeit der Organisation kann man auch untersuchen, welche Wirkungen solche informellen Verhaltensweisen auf Arbeitsabläufe, Produktivität, das Wohlbefinden einzelner Beteiligter, das Betriebsklima und anderes mehr ausüben. In zahlreichen Fällen wird man eine vorteilhafte Wirkung registrieren können.

Informelle Verhaltensweisen

Es kann in manchen Fällen sinnvoll sein, Spielräume für informelles Verhalten zu schaffen und damit Befriedigung für bestimmte wichtige Bedürfnisse zu ermöglichen. Je nach Lage der Dinge kann es auch zweckmäßig sein, die formellen weil wirklichkeitsfremden Regeln zu ändern. Es ist zweckmäßig, informelle Verhaltensweisen auf ihre Wirkungen in der Organisation hin zu überprüfen und die Reaktionsformen daran zu orientieren.

Beispiel

Einige Beispiele sollen diese Hinweise konkretisieren.

Unpünktlichkeit beim Dienstantritt

❑ Nimmt Unpünktlichkeit beim Dienstantritt in einer sozialen Einrichtung zu, so ergeben sich mehrere Reaktionsmöglichkeiten.

– Man reagiert gar nicht, weil man Auseinandersetzungen fürchtet. Unpünktlichkeit kann dann eine Art Gewohnheitsrecht werden.

– Man spricht das Problem an, bittet in Zukunft um Pünktlichkeit, droht für fortgesetzte Unpünktlichkeit mit Gehaltsabzügen und nimmt damit eine (vorübergehende?) Verschlechterung des Betriebsklimas in Kauf. In manchen gewerblichen Betrieben sind derartige Verfahrensweisen durchaus üblich.

– Man spricht das Problem an, fragt nach den Gründen und stellt flexible Arbeitszeiten zur Diskussion.

Die dritte Reaktionsform vereinigt mehrere Vorteile: Sie thematisiert das Problem Arbeitszeit, vermeidet repressive Verhaltensformen und bietet gleichzeitig alternative Verhaltensmodelle an.

Einhaltung der Dienstanweisung

❑ In einem Sozialdienst ist in einer Arbeitsgruppe bei einem bestimmten Problem eine Gruppenarbeit mit mehreren Betroffenen üblich geworden, die von der in der Dienstanweisung vorgeschriebenen Einzelberatung deutlich abweicht, aber von den Mitgliedern der Arbeitsgruppe als effektiver und entlastend für die MitarbeiterInnen angesehen wird, weil dabei auch die Betroffenen aktiviert werden. Die Leiterin reagiert mit Tadel und erinnert nachdrücklich an die Einhaltung der Dienstanweisung. Nach diesem Vorfall kündigen zwei Mitarbeiterinnen mit dem ausdrücklichen Hinweis auf die unzumutbare Bevormundung zum nächsten möglichen Termin. Das formal korrekte Bestehen auf der Dienstanweisung bewirkt Demotivierung der bleibenden Mitglieder der Arbeitsgruppe, zwei Einstellungsverfahren und weitere Fluktuationskosten. Man hätte die praktizierte Gruppenarbeit auch als Innovation ansehen können, die bei einem Fachgespräch mit anderen Arbeitsgruppen vorgestellt und diskutiert werden könnte. Danach könnte darüber befunden werden, ob man für ähnlich gelagerte Fälle Gruppenarbeit formell als eine mögliche Verfahrensweise zur Wahl stellt.

Es geht also darum, Impulse aus informellen Verhaltensweisen produktiv aufzunehmen und sie konstruktiv für Personal- und Organisationsentwicklung zu nutzen.

24

Ziele

Die Ziele stellen einen zentralen Bezugspunkt von oder in Organisationen dar. Da Ziele stets eine normative Komponente enthalten, ist zwischen vorgeschriebenen und von Gruppen und Einzelpersonen tatsächlich verfolgten Zielen sowie persönlichen Zielen zu unterscheiden. In der einschlägigen organisationssoziologischen Literatur werden zahlreiche Sachverhalte vorgebracht, die es schwer machen, so selbstverständlich von den Zielen der Organisation zu sprechen. Scott geht auf diese Diskussion ausführlich ein (1986: 246-280, 347-385). Einige Gesichtspunkte möchte ich hier aufnehmen.

Ziele

Zuerst sei auf den Sachverhalt hingewiesen, daß die Organisationsmitglieder ihre Ziele mit in die Organisation bringen und die "Organisationsziele" Ergebnisse von Aushandlungsprozessen sind, in denen bestimmte Personen oder meist Koalitionen Ziele vorschlagen, entwickeln, festlegen und ihre Durchsetzung mit mehr oder weniger Erfolg bei den anderen Organisationsmitgliedern betreiben. Es ist für jede Organisation von besonderem Interesse

❑ auf welche Weise Ziele bestimmt werden,

❑ welche Personen bzw. Personengruppen an diesem Zielfindungsprozeß beteiligt sind,

❑ in welchem Grade die jeweils festgelegten Ziele von den Beteiligten übernommen und geteilt werden, und

❑ wie sich Gegensätze, nicht bloß Unterschiede, bei Organisations- und persönlichen Zielen auf das Arbeitsergebnis, Beteiligte und Beteiligtengruppen und die Atmosphäre in der Organisation auswirken.

Weil durch Ziele Bedürfnisse befriedigt werden, ist davon auszugehen, daß die Beteiligten mit ihrer Mitgliedschaft in der Organisation persönliche Ziele verfolgen, die sich von den zugewiesenen Aufgaben/Teilzielen der Organisation zwar unterscheiden, mit ihnen aber dennoch mehr oder weniger vereinbar sind. So ist es selbstverständlich, daß Beteiligte die ihnen zugewiesenen Aufgaben nicht nur als ihre Ziele, sondern auch als Mittel zu anderen persönlichen Zielen, z.B. Gelderwerb, als Stufe in der Karriere, als wichtige Erfahrung für andere Lebensziele auffassen. Solange die Arbeitsaufgabe mit der wünschenswerten Sorgfalt erledigt wird, handelt es sich um vorteilhafte Verknüpfungen, um Integration von Organisationsinteressen und persönlichen Zielen der Beteiligten.

...persönliche Ziele

Nach konventioneller Sicht sind Ziele konstitutive Bezugspunkte für Organisationen. Tatsächlich gibt es jedoch erstaunlich viele Organisationen, in denen Beteiligte sich entweder über Ziele oder über Verfahrensweisen zur Erreichung der Ziele oder gar beides nicht einigen können oder wollen (?). Thompson und Tuden haben folgende Typologie aus den Kriterien: Einigkeit - Uneinigkeit über Ziele und Einigkeit - Uneinigkeit über Verfahren zur Zielerreichung gebildet.

Probleme mit Zielen

Einigkeit - Uneinigkeit über Ziele und Verfahren zur Zielerreichung		
VORSTELLUNG VON IHREM ZUSTANDEKOMMEN	ERGEBNISPRÄFERENZEN	
	Einigkeit	Uneinigkeit
Einigkeit	Kalkulation	Kompromiss
Uneinigkeit	Entscheidung	Inspiration

Quelle: Thompson & Tuden 1959, zitiert nach Scott 1986: 360

Abb. 7

Organisierte Anarchie

"Kalkulation" beschreibt dabei typische Verhältnisse in rational konzipierten Organisationen. Mit "Entscheidung" werden Situationen bezeichnet, in denen auf der Grundlage von gemeinsamen Zielen über Verfahrensweisen zu befinden ist. "Kompromiß" meint Situationen, in denen Personen Uneinigkeit bei den Zielen bewältigen, indem sie sich auf Verfahren einigen. "Inspiration" ist erforderlich, um Situationen zu bewältigen, in denen weder Einigkeit über Ziele noch über Verfahren besteht. Solche Situationen bezeichnen Cohen, March und Olsen (1972, zitiert nach Scott 1986:362) als "organisierte Anarchie" und meinen weiter, daß solche Situationen in Organisationen häufig vorkommen und "partiell jede Organisation kennzeichnen" und daß sie "besonders ausgeprägt sind in öffentlichen, in erzieherischen und in illegitimen Organisationen". Aufschlußreich sind auch die Beispiele und Untersuchungen, die Scott in diesem Zusammenhang einführt, weil sie verdeutlichen, daß und wie Menschen in einem Organisationszusammenhang über längere Zeiträume arbeiten können, ohne daß die üblicherweise unterstellten Funktionsbedingungen bestehen. So gebe es Fachbereiche an Universitäten, deren Mitglieder sich weder über die Ausbildungsziele noch über Methoden zur Erreichung von Zielen einigen können und statt dessen die Anzahl der anzubietenden Kurse/Lehrveranstaltungen festlegen, um überhaupt eine Arbeitsgrundlage zu haben.

...bei sozialen Einrichtungen

Gerade bei sozialen Einrichtungen sind vergleichbare Verhältnisse immer wieder anzutreffen. Soziale Dienste sehen sich immer wieder in der Situation, daß sie sich vor ein soziales Problem gestellt sehen, für das sich ihre Mitglieder weder auf gemeinsame Ziele noch auf Verfahrensweisen einigen können, z.B. was wie mit Nichtseßhaften getan werden soll.

Beteiligte

Beteiligte

An einer Organisation ist beteiligt, wer in das Organisationsgefüge der Organisation eingebunden ist. Im Einzelfall kann der Kreis der Beteiligten je nach Erkenntnisziel unterschiedlich bestimmt werden. So kann man z.B. bei einer

26

Heilpädagogischen Tagesstätte die beschäftigten MitarbeiterInnen als Beteiligte definieren, wenn Kooperationsformen oder Dienstpläne thematisiert werden. Man wird jedoch die Kinder in die Beteiligung einbeziehen, wenn man die Tagesabläufe und ihre inhaltliche Ausformung neu gestalten will. Wiederum wird man die Eltern als Beteiligte einbeziehen, wenn es um die Bewältigung, d.h. Minderung der Verhaltensstörungen der Kinder geht.

In einem Krankenhaus kann man bei der Neugestaltung der Tagesabläufe die dort beschäftigten Personen oder diese und die PatientInnen als Beteiligte sehen. Die engere Bestimmung der Beteiligten beschränkt in angenehmer Weise die Komplexität der Probleme und der Verfahrensweisen, klammert damit aber gleichzeitig die PatientInnenbedürfnisse aus oder berücksichtigt sie stellvertretend, obwohl sie wichtige Bezugspunkte für die Organisation der Arbeit und die Wirksamkeit des Krankenhauses liefern könnten. Um ein Arbeitsziel möglichst sachgerecht zu erfassen und zu bearbeiten, sollte der Kreis der Beteiligten zunächst weit gefaßt werden. Wenn man aus der Kenntnis des erweiterten Kreises der Beteiligten weiß, daß mit der Erweiterung keine wichtigen Gesichtspunkte erfaßt werden, kann man dann den Kreis der Beteiligten auch wieder einschränken.

...im Krankenhaus

⇨ Das Arbeitsziel bzw. der Untersuchungsgegenstand sind dafür ausschlaggebend, welche Personen bzw. Personengruppen als Beteiligte der Organisation zu betrachten sind. Im Zweifelsfall sollte der Kreis der Beteiligten besser weiter gesteckt werden, damit wichtige Gesichtspunkte nicht übersehen werden.

Da Menschen in den wirtschaftlich entwickelten und deshalb komplexen Gesellschaften an vielen verschiedenen Organisationen beteiligt sind, vom Betrieb über den Verein bis zur Krankenversicherung, weist die Beteiligung sehr große Unterschiede in der subjektiven Betroffenheit, der Intensität der Beteiligung, der eingesetzten Zeit usw. auf.

⇨ Je weniger Personen hinsichtlich der subjektiven Betroffenheit und des Zeiteinsatzes an einer Organisation teilhaben, desto weniger müssen sie in die organisationsinterne Ausgestaltung einbezogen werden.

Technologie

Technologie ist Ausdruck des Sachverhaltes, daß Organisationen Arbeit leisten und dazu Qualifikationen von Personen und Verfahren einsetzen. Beide sind aufeinander bezogen und bestimmen die Qualität des Arbeitsergebnisses. Differenziertheit und Eigenart von Maschinen und Maschinenkombinationen bestimmen entscheidend, welche Tätigkeiten für das Personal übrigbleiben und welche Qualifikationen dafür erforderlich sind. Der Einsatz von Maschinen bestimmt deshalb auch die Struktur der Arbeitsabläufe und der gesamten Produktionseinheit in hohem Maße.

Technologie

Für einen sehr großen Teil von Dienstleistungen spielen Maschinen keine nennenswerte Rolle. Hier sind die Verfahrensweisen - im Gesundheitsbereich spricht man von Therapien, im Sozialbereich von Methoden der Sozialarbeit -, häufig kaum oder jedenfalls nicht trennscharf von den sie Ausübenden zu unterscheiden, da sie in hohem Maße personengebunden, d.h. metho-

Verfahrensweisen

disch nur begrenzt vermittelbar sind. Dies ist auch in mehreren anderen Bereichen gegeben, insbesondere dann, wenn es sich um besonders herausragende Leistungen handelt, z.B. bei ÄrztInnen, Managern, Bankern, TherapeutInnen, ArchitektInnen... Zum methodisch Gelernten kommt in den beschriebenen Fällen etwas hinzu, das an die Personen gebunden ist und das man als Genialität oder Charisma bezeichnen könnte. Die Trennungslinie zwischen Technologie und Beteiligten verschwimmt dann, ist nicht mehr klar zu ziehen.

Die Ausprägung der Organisationsmerkmale Ziele, Beteiligte, Sozialstruktur und Technologie sowie ihre wechselseitigen Beziehungen weisen vielfältige Variationen, Schwerpunktsetzungen und Verknüpfungen auf, denen wir hier nicht nachgehen können.

Umwelt

Umwelt

In Kapitel 6 gehe ich genauer auf die Beziehungen von Organisationen zur Umwelt ein und beschränke mich hier, um Wiederholungen in Grenzen zu halten, auf einige grundsätzliche Bemerkungen.

Organisationen bestehen durch ihre Beziehungen zur Umwelt, d.h. zu den für eine Organisation relevanten Ausschnitten aus der Umwelt, für die wir auch die Bezeichnungen Umweltakteure, Teilsysteme der Umwelt verwenden. Es ist erstaunlich, daß die Beziehungen von Organisationen zu relevanten Teilen der Umwelt erst relativ spät systematisch - mit der Entwicklung offener Organisationsformen - in die Organisationswissenschaft Eingang gefunden haben. Lange Zeit war Umwelt offensichtlich so stabil und deshalb selbstverständlich, daß man die systematische Berücksichtigung nicht in Erwägung ziehen mußte.

Austauschbeziehungen

Die Beziehungen zur Umwelt sind Austauschbeziehungen. Die Organisation nimmt Ressourcen in der Form von Informationen und/oder Materialien aus der Umwelt auf, verarbeitet sie weiter und gibt ihre Produkte/Dienstleistungen an relevante UmweltakteurInnen ab. Organisationen sind also als soziale Teilsysteme/Einheiten in einem umfassenden sozialen Gefüge. Je genauer man die für Organisation relevanten UmweltakteurInnen beschreibt, desto deutlicher wird die Komplexität des Beziehungsgeflechts und dementsprechend die Schwierigkeit, gezielt Veränderungen herbeizuführen und den häufig gegensätzlichen Anforderungen gerecht zu werden. Betrachtet man die Elemente von Organisation: Ziele, Sozialstruktur, Technologie und Beteiligte, so können elementbezogene UmweltakteurInnen festgestellt werden. Die oben beschriebene lockere Verkopplung wird hier von der Umweltseite deutlich. Die folgende Graphik zeigt für soziale Einrichtungen wichtige UmweltakteurInnen, jeweils getrennt für die einzelnen Merkmalsbereiche.

28

UmweltakteurInnen von sozialen Einrichtungen

❏ traditionelle Struktur-
formen
❏ rechtliche Vorgaben:
Gesellschaftsrecht
❏ politische Entschei-
dungsträger
❏ Reformmodelle
❏ wissenschaftliche
Beratung
❏ u.a.

❏ Mainstream-
Methoden
❏ Recht
❏ Finanzen
❏ Entwicklung d.
Wissenschaft
• Psychologie
• Medizin
• Organisa-
tionstheorie
• Soziologie
• u.a.
❏ Konkurrenten
❏ Supervision
❏ Fortbildung
❏ u.a.

❏ Träger, öffentl.
und private
❏ Finanzen
❏ Rechtliche
Vorgaben
❏ ges. Umfeld
❏ Parteien
❏ Politik
❏ Betroffene
❏ andere Faktoren
❏ Europa

Struktur

**Tech-
nologie**

Ziele

Beteiligte

❏ Qualifikation (Ausbildung)
❏ Bezahlung (Tarife)
❏ Professionalisierungs-
muster
❏ Spezialist versus
Generalist
❏ Europäische Einigung
❏ rechtliche Vorgaben
❏ andere Faktoren

**Ziel von Strukturveränderung:
Vermittlung von innerer und äußerer Dynamik**

Abb. 8

Gegensätzliche Erwartungen

Häufig besteht die Umwelt eines Elements aus Einzelpersonen, Gruppen und sozialen Systemen, die unterschiedliche oder sogar gegensätzliche Erwartungen an die Organisation richten. So besteht z. B. bei der Fremdunterbringung von der Seite der Jugendlichen eine große Nachfrage nach Wohngemeinschaften und betreutem Einzelwohnen. Die öffentlichen und privaten Träger der Jugendhilfe kümmern sich aber herzlich wenig um diese Nachfrage und bieten nach wie vor bevorzugt Heimplätze an, obwohl diese in den meisten Fällen pädagogisch weniger effektiv und durchschnittlich teurer sind. Vergleichbare Diskrepanzen zwischen der Nachfrage von Betroffenen und den Vorstellungen/Planungen von Maßnahmeträgern treten im sozialen Bereich häufig auf, sind aber auch im Gesundheitsbereich zu finden. Nicht überall können NutzerInnenwünsche einfach ignoriert werden. Aus den widersprüchlichen Anforderungen von UmweltakteurInnen ergeben sich immer wieder schwierige Situationen für Organisationen:

❑ nämlich Erwartungen relevanter UmweltakteurInnen zukunftsbezogen zu interpretieren, zu gewichten und in Organisationsziele umzusetzen;

❑ Gegensätze zwischen wichtigen KundInnen-/NutzerInnen-/PatientInnen-/KlientInnengruppen oder anderen Auftraggebern auszugleichen,

❑ die benötigten Ressourcen aus der Umwelt zu sichern,

❑ die Umweltansprüche mit der inneren Dynamik der Organisation zu vermitteln.

Weitere wichtige Gesichtspunkte von Organisation neben den genannten sind: die Größe der Organisation, Ziele und Standardisierung der Arbeitsvorgänge, Legitimationsformen für Verhaltensmuster, Struktur und Prozeß.

Die Größe der Organisation

Größe

Für die Entwicklung von Organisationsmodellen spielt die Größe der betreffenden Organisation bzw. Organisationseinheit, gemessen an der Zahl der Beteiligten eine wesentliche Rolle. Bei privatwirtschaftlichen Betrieben kann man wie sonst in keinem Bereich extreme Größenunterschiede feststellen. Die Spanne reicht vom Ein-Mann-Kundendienst z.B. für Wasch- und Spülmaschinen bis zum Großbetrieb mit mehreren Hunderttausend MitarbeiterInnen. Daß man allein unter dem Gesichtspunkt der Größe ein differenziertes Spektrum von Organisationsformen benötigt, leuchtet wohl unmittelbar ein. Ich kann darauf hier nicht weiter eingehen.

Ein Großbetrieb ist regelmäßig ein komplexes Gefüge zahlreicher kleinerer betrieblicher Einheiten, die meistens über verschiedene Standorte verteilt sind und je nach Zielen und Formen der Produktion durchaus unterschiedliche Strukturen haben können oder müssen. Man kann deshalb für einzelne betriebliche Einheiten mit meist mittlerer Größe Organisationsstrukturen entwickeln, wenn die Einbindung in den Gesamtkonzern bekannt ist. Diese Einbindung einzelner betrieblicher Einheiten muß durch ein organisatorisches Gesamtkonzept geleistet werden, das die Beziehungen der einzelnen betrieblichen Einheiten untereinander und zu einer wie auch immer gearteten Zentrale beschreibt und regelt. Solche Großbetriebe, auch Konzerne genannt, kommen nicht mehr ohne einen dauerhaft tätigen Stab von OrganisationsexpertInnen aus. Dies schließt die zeitweise Konsultierung externer ExpertInnen nicht aus. Dennoch: Auch mit viel Zeitaufwand und Sachverstand bleibt es überaus schwierig, ein derart komplexes Gefüge zu überblicken und zukunftsbezogen zu organisieren.

...als komplexe Größe

Dies gilt auch für Mammutorganisationen im öffentlichen oder quasi-öffentlichen Bereich wie Telekom, Postbank und Bahn AG, für die seit einigen Jahren Privatisierung und Neuorganisationsprogramme entwickelt und umgesetzt werden.

Betriebsgrößen im Sozial- und Gesundheitsbereich

Im Sozial- und Gesundheitsbereich herrschen, gemessen an den Betriebsgrößen der gewerblichen Wirtschaft, kleine bis winzige Betriebsgrößen vor. Schon die Psychiatrie-Enquete von 1975 befand, daß Bezirks- und Landeskrankenhäuser nicht mehr als 500 Betten haben sollten, gerade weil die Großeinrichtungen viele nachteilige Effekte hatten. Aber auch solche Großeinrichtungen des Sozialbereichs setzen sich regelmäßig aus einzelnen sozialen Einheiten oder Abteilungen zusammen, die von der Zielsetzung her eine gewisse Eigenständigkeit haben und deshalb einzeln in neue Strukturen überführt werden können, wenn es ein Rahmenkonzept für die Veränderung der gesamten Einrichtung gibt. Das umfangreichste Beispiel ist in Bayern zur Zeit die Neuorganisation des Bezirkskrankenhauses Haar (Psychiatriekonzept des Bezirks Oberbayern). Das Münchner Jugendamt, mit über 1000 Mitarbeitern eines der größten in der Bundesrepublik, hat erhebliche Probleme mit seiner Größe und ist im Begriff, die gesetzlich vorgegebenen Arbeitsaufgaben in dezentralen Formen neu zu organisieren.

Günstige Voraussetzungen für Organisationsveränderungen

Insgesamt herrschen jedoch im Sozialbereich kleine Betriebsgrößen mit bis zu 30 Beteiligten vor, wenn man darunter die hauptberuflich Beschäftigten meint. Damit ergeben sich von der Größe her günstige Voraussetzungen für Organisationsveränderungen,

❑ weil die Einrichtungen zahlenmäßig überschaubar bleiben und man alle MitarbeiterInnen mindestens oberflächlich kennen kann;

❑ weil die organisatorische Komplexität beherrschbar ist;

❑ weil die Mitwirkung aller MitarbeiterInnen bei organisatorischen Veränderungen noch organisierbar ist;

❑ weil anstehende Probleme durch Aushandlungsprozesse angegangen werden können;

❑ weil der wünschenswerte geringe Grad der Formalisierung praktikabel erscheint;

❑ weil man mit externen BeraterInnen auskommen kann.

Struktur und Prozeß

Organisationsentwicklung

Organisationen sind stets beides: Struktur und Prozeß. Struktur meint die Zuordnung der Elemente einer Organisation zu einander. Soweit man sich dabei auf die Verteilung der Aufgaben und Entscheidungsbefugnisse bezieht, die meistens durch ein Organigramm dargestellt wird, spricht man auch von *Aufbauorganisation*. Sie ist Bezugspunkt und Grundlage für Abläufe innerhalb der Organisation und zwischen ihr und außenstehenden Personen und Organisationen. Sollen die Einzelziele und durch ihre Synthese das Gesamtziel der Organisation erreicht werden, so müssen die zielführenden Arbeitsabläufe und ihre Koordination präzise geregelt und auf einander abgestimmt werden. Die *Ablauforganisation* Regelung der Arbeitsabläufe wird auch als *Ablauforganisation* bezeichnet. Prozesse verändern und schaffen Strukturen, Strukturen setzen Rahmenbedingungen für Prozesse. Es besteht also ein dialektisches Verhältnis zwischen Struktur und Prozessen.

Organisationsentwicklung

Es ist in den letzten Jahrzehnten offensichtlich geworden, daß strukturelle Veränderungen, also Veränderungen der Aufbau- und/ oder der Ablauforganisation sehr viel leichter durchgeführt werden können, wenn die Beteiligten = Mitarbeiter in ihre Gestaltung einbezogen werden, wenn man von sehr radikalen Änderungen absieht. Dabei fördert die Einbeziehung der MitarbeiterInnen nicht nur die Motivation durch Wertschätzung, sondern sie nutzt auch die Feldkenntnisse und Fähigkeiten der MitarbeiterInnen für die Organisationsveränderungen. Dies gilt in besonderer Weise für soziale Einrichtungen, deren Arbeitsqualität mehr als irgendwo sonst von den MitarbeiterInnen abhängt, mit ihnen steht oder fällt. An dieser Stelle will ich diese Perspektive nicht weiter verfolgen, da unter dem Titel *Organisationsentwicklung* ein eigener Band in dieser Reihe erschienen ist (Engelhardt/ Graf/ Schwarz 1996). Ich wende mich deshalb hier den für die *Strukturbildung* wichtigen Zusammenhängen, Sachverhalten und Problemen zu.

32

Zielt man auf eine möglichst funktionsfähige und effiziente Organisation – eigentlich eine Selbstverständlichkeit -, so kommt es darauf an, für die zielführenden Arbeitsabläufe eine angemessene Struktur, d.h. einen angemessenen Rahmen zu finden. Angemessen bedeutet dabei, daß die Arbeitsteilung und die Verteilung der Entscheidungsbefugnisse auf die Durchführung der Arbeitsabläufe zur Zielerreichung hin optimiert werden. Man kann diese noch recht abstrakt formulierte Aufgabe in vier Arbeitsschritte auflösen:

❑ Ziele und Teilziele klären

❑ zielführende Arbeitsabläufe klären und festlegen

❑ Legitimationsformen der MitarbeiterInnen klären

❑ Struktur entwickeln – Standortbestimmung

Ziele und Teilziele klären

Zuerst sind die Ziele, die erreicht werden sollen, zu klären. Da Organisationsziele auf einen vermuteten oder festgestellten Bedarf von KundInnen bezogen sind, spielt die für eine Organisation relevante Umwelt bei der Zielbestimmung eine wesentliche Rolle. Die genauere Analyse läßt die enorme Zielvielfalt der verschiedenen Organisationen und die komplexen Zielstrukturen innerhalb von Organisationen erkennen: Um das Ziel zu erreichen, für das eine Organisation gegründet und erhalten wird, müssen viele aufeinander bezogene Teilziele erfüllt werden. Ein Produktionsbetieb muß nicht nur Güter herstellen, sondern er muß die Produkte und für ihre Herstellung geeigneten Verfahren entwickeln, Hersteller einzelner Teile gewinnen, einweisen und bei der Stange halten, Material und Personal beschaffen und verwalten, den Absatz der Güter organisieren, Finanzierung und Liquidität sichern......Eine Beratungsstelle für Drogenabhängige muß nicht nur Beratung der Ratsuchenden gewährleisten, sondern finanzielle Mittel für Personal, Räume und Inventar beschaffen und verwalten, Arbeitsteilung und Dienstpläne auf die Bedürfnisse der Ratsuchenden abstimmen, Information und Kommunikation intern und mit Kooperationspartnern organisieren, die Arbeitsleistung dokumentieren, mit Kostenträgern verhandeln, mittel- und langfristige Planung betreiben.....

Hauptziel

...und Teilziele

Beispiele

Insgesamt gibt es also in jeder Organisation zahlreiche Aufgaben, die sorgfältig erledigt werden müssen, damit das operative System funktionsfähig bleibt, d.h. damit die auf die zentralen Ziele gerichteten Arbeitsabläufe überhaupt durchgeführt werden können .

Zielführende Arbeitsabläufe klären und festlegen

Sowohl für das zentrale Ziel als auch für die einzelnen funktionsnotwendigen Teilaufgaben müssen jeweils geeignete Arbeitsabläufe entwickelt werden. Wie können Arbeitsabläufe so entwickelt werden, daß sowohl die einzelnen Teilziele als auch das zentrale Hauptziel erreicht werden?

Von grundlegender Bedeutung ist hier die Unterscheidung von

❑ Zielen, die durch standardisierte, d.h. geschlossene Arbeitsabläufe erfüllt werden, und von

❑ Zielen, die nur durch prozeßorientierte, d.h. offene Arbeitsabläufe erreicht werden können.

Standardisierung: standardisierte = geschlossene Arbeitsabläufe

Die rasante ökonomische Entwicklung in den Industriestaaten ist auf den Wechsel von der maßgeschneiderten Einzelanfertigung von Konsumgütern zur Massenanfertigung in Serien zurückzuführen. Spricht man von Standardisierung, so handelt es sich immer zugleich um beabsichtigte Serienproduktion; sie beruht auf der rationalisierenden Standardisierung der Arbeitsabläufe, d.h. der detaillierten arbeitsteiligen Normierung und Kontrolle aller zielführenden Arbeitsvorgänge von der Materialbeschaffung bis zum fertigen Produkt. Standardisierte Arbeitsabläufe werden auch als geschlossen bezeichnet, weil sie in allen Details im voraus festgelegt sind. Standardisierbar (Engelhardt 1991: 131-147) sind Arbeitsvorgänge in dem Maße, in dem es im voraus gelingt,

❑ die Ziele präzise und mit eindeutigen Merkmalsbeschreibungen festzulegen,

❑ bei Produktionsprozessen die zu bearbeitenden Materialien, bei auf Personen bezogenen Tätigkeiten die Zielpersonen bzw. die Zielgruppe genau zu bestimmen,

❑ die zielführenden Tätigkeiten/ Verfahrensweisen/ Methoden sowie deren Reihenfolge und Koordination genau und vollständig zu beschreiben,

❑ die benötigten Werkzeuge und Maschinen vorzuhalten,

❑ die erforderlichen Qualifikationen der MitarbeiterInnen zu erfassen,

❑ die zur Zielerreichung erforderlichen Kooperationsbeziehungen festzulegen,

❑ den Zeitbedarf für die zielführenden Tätigkeiten und die benötigte Zahl qualifizierter MitarbeiterInnen pro Produktionseinheit zu ermitteln und verfügbar zu machen.

❑ die genannten Faktoren meßbar, d.h. präzise kontrollierbar zu machen.

Standardisierung   Standardisierung beinhaltet also die totale Beherrschung aller zur Produktion eines Produktes oder einer Dienstleistung notwendigen Materialien, Qualifikationen, Werkzeuge und Arbeitsabläufe bis zur Fertigstellung des Produkts bzw. der Dienstleistung; sie setzt voraus, daß eine eindeutige Beziehung zwischen einem Ziel und den für die Zielerreichung eingesetzten Mitteln besteht oder erarbeitet werden kann (Ursache - Wirkungsbeziehung). Für die Güterserienproduktion und für einen großen Teil der Dienstleistungen, vor allem die versachlichten, personenbezogenen Dienstleistungen, sind diese Bedingungen gegeben oder sie werden mit erheblichem Aufwand immer wieder neu erarbeitet, um die damit verbundenen Effizienz- und Qualitätsvorteile standardisierter Arbeitsabläufe zu gewinnen. Standardisierung bietet immer dann,

34

wenn ein Ziel von seiner Eigenart her auf diese Weise erreicht werden kann, die effizienteste Produktionsform, mit der gleichartige Produkte massenweise hergestellt werden können. Die obige Charakterisierung von Standardisierung zeigt, daß für den Standardisierungsprozeß umfassende fachliche Kenntnisse und logistische Fähigkeiten unabdingbar sind.

...als Leistung

Traditionell war Standardisierung als Teil der Planung Aufgabe der Organisationsleitung. Die Spezialisierung des Wissens und seine Verteilung auf immer mehr MitarbeiterInnen hat im Zuge hoch komplexer Produktionsprozesse auch bei sozialen Dienstleistungen dazu geführt, daß die Leitungsorgane einer Organisation zwar die allgemeinen Global- und Richtziele vorgeben können, bei deren Konkretisierung und ihrer Umsetzung jedoch in hohem Maße auf die Mitwirkung ihrer qualifizierten MitarbeiterInnen angewiesen sind. Mit ihrer Beteiligung an Zielbestimmung, Entscheidungsfindung, praktischer Durchführung und Kontrolle verändern sich Organisationsstrukturen auch qualitativ: Besonders bei sehr großen Organisationen weicht die traditionelle Bündelung von Entscheidungs- und Kontrollbefugnissen an der Organisationsspitze einer fortschreitenden Delegation und teilweise auch Dezentralisierung, um durch kleine, übersichtliche Organisationseinheiten die gewünschte Flexibilität und Produktivität zur Behauptung im Wettbewerb zu entwickeln.

Wer standardisiert?

Standardisierbar sind Arbeitsabläufe, die auf die Erfüllung von *Sachzielen* bezogen sind. Auf Personen bezogene Zielsetzungen sind nur *standardisierbar*, wenn sie versachlicht, d.h. von der individuellen Einmaligkeit der Einzelperson und ihren unberechenbaren Aspekten gelöst und in eindeutige und generalisierte wenn - dann– Beziehungen überführt werden können. Bei Versachlichung personenbezogener und sozialer Sachverhalte und Prozesse werden diese in zweifacher Weise umgeformt: Erstens werden sie auf generalisierbare, unpersönliche = sachliche Merkmale reduziert, zweitens werden sie entdynamisiert, d.h. aus der ihnen anhaftenden psychischen oder sozialen Dynamik gelöst; sie können, so zur „Sache" geworden, „objektiv" bearbeitet werden: Wenn Herr X kein Einkommen, kein Vermögen, keine versorgungspflichtigen Angehörigen.....usw. hat und ordnungsgemäß einen Antrag stellt, erhält er den Regelsatz der Sozialhilfe + Miete +.....

Standardisierung personenbezogener Sachverhalte

Versachlichung

Entdynamisierung

Andere Arbeitsabläufe, aus deren Standardisierung viele soziale Einrichtungen Nutzen ziehen könnten, sind neben den obligatorischen Aufgaben Buchhaltung und Rechnungswesen:

Standardisierte Arbeistabläufe

❑ die innerbetriebliche Informationsweitergabe,

...in sozialen Einrichtungen

❑ klientenbezogene Abläufe wie z.B. Anmeldeverfahren Terminvergabe,

❑ Telefondienst,

❑ Dokumentation und Aktenführung,

❑ Raumbelegung, Schließdienste, Verwaltung der Arbeitsmittel,

❑ alle formularmäßig erfaßten und erfaßbaren Tätigkeiten

❑ Informationsvermittlung

❑ u.a.

35

Prozeßorientierte = offene Arbeitsabläufe

...als Einzel-anfertigungen

Standardisierte Problemlösungen passen nicht für individuelle Einzelfälle, sind ausgeschlossen für nicht kontrollierbare, multifaktorielle Problemlagen, für Lösungen in wissensmäßig nicht voll erschlossenen Bereichen, für verschiedenartige Veränderungsprozesse usw. In diesen und anderen Fällen muß auf prozeßorientierte = offene Arbeitsabläufe zurückgegriffen werden.

prozeßorientierte Arbeitsabläufe

Prozeßorientiert bedeutet, daß wichtige Aussagen und Entscheidungen über Ausgangslage, Ziel und Methoden der Arbeit bei deren Beginn nicht verfügbar sind, im Verlauf des Arbeitsprozesses erarbeitet, festgelegt und durch wiederholte Rückkopplungsschleifen auch verändert werden, nicht klärbar sind oder sich teilweise oder ganz dem professionellen Zugriff entziehen. *Offen* bedeutet hier, daß der Arbeitsablauf zur Erreichung eines Ziels aus den genannten Gründen in seinen einzelnen Ablaufphasen nicht festgelegt werden kann.

...Merkmale

Prozeßorientierte = offene Arbeitsabläufe im hier gemeinten Sinn lassen sich wie folgendermaßen kennzeichnen:

❑ Sie sind auf Einzelfallbearbeitung bezogen, gewissermaßen Sonderanfertigungen;

❑ ihre Ausgangslage, ihre Ziele, die dafür eingesetzten Methoden und der Arbeitsablauf selbst konkretisieren sich im Verlauf des Prozesses je für sich und in ihren Wechselbeziehungen;

❑ sie haben stets mit mindestens teilweise Unbekanntem und Unsicherheiten zu tun;

❑ und benötigen deshalb zur Zielerreichung neues Wissen bzw. neue Fähigkeiten, d.h. sie enthalten intuitive, kreative und innovative Elemente zur Veränderung des status quo;

❑ während sie im technischen Bereich z.B. bei einem Architektenentwurf im Einzelfall durchaus zu eindeutigen Mittel – Ziel - Beziehungen führen,

...in sozialen Einrichtungen

❑ sind bei persönlichen Dienstleistungen im Sozial- und Gesundheitsbereich multikausale Bedingungskonstellationen die Regel, die nur ausnahmsweise eindeutige Mittel – Ziel - Beziehungen zulassen und

❑ nur in bestimmten Anteilen für zielführende Arbeitsabläufe sozialer Einrichtungen zugänglich sind, weil externe unkontrollierbare Faktoren wirksam bleiben;

❑ sie haben in sozialen Einrichtungen typischerweise die Form von Interaktionsprozessen zwischen Sozialprofis oder zwischen ihnen und ihren Klienten und steuern in beiden Fällen individuelle Lebensläufe und soziale Bezüge. Die Abbildungen 9 + 10 zeigen den Zusammenhang.

36

Merkmale von Profi-zentrierten und interaktionszentrierten Tätigkeiten

Profi-zentrierte Tätigkeiten: ⬇ Versorgungs- und Betreuungsleistungen ⬇		Interaktionen zwischen Profi und Klienten: ⬇ Individuelle + soziale Veränderungen ⬇
❏ intern organisierbar ❏ kontrollierbar, beherrschbar ❏ weitgehend standardisierbar ❏ Arbeitsprozeß besteht überwiegend aus Tätigkeiten des Profi, inhaltlich + zeitlich planbar ❏ Arbeitsergebnis entsteht aus professioneller Arbeit ❏ Herstellung und Verbrauch der Dienstleistung fallen zusammen		❏ interne und externe Einflüsse ❏ nur teilweise kontrollierbar ❏ wenig standardisierbar ❏ Arbeitsprozeß besteht aus Interaktion zwischen Profi und Klient, inhaltlich und zeitlich nur teilweise planbar ❏ Arbeitsergebnis entsteht aus professioneller Arbeit + Mitwirkung des Klienten + externen Einflüssen ❏ Herstellung und Verbrauch der Dienstleistung sind teilweise getrennt, fallen teilweise zusammen

Abb. 9

Stationäre Drogentherapie
Ziel: Drogenfreies Leben der Klienten

In der Einrichtung gestaltbares Maßnahmenpaket	➡ Klient ⬅	Externe Faktoren + Persönliche Merkmale des Klienten
Therapeutische Maßnahmen ❏ Einzeltherapie ❏ Gruppentherapie ❏ .... Strukturierte Tagesgestaltung Strikte Hausordnung		Biographie des Klienten Familiäre Verhältnisse Soziales Umfeld Wirtschaftliche Verhältnisse des Klienten Arbeitsmarkt

Abb. 10

Standardisierte und prozeßorientierte Arbeitsabläufe

In allen Organisationen findet man sowohl standardisierte bzw. standardisierbare als auch prozeßorientierte Arbeitsabläufe, allerdings mit unterschiedlicher Gewichtung. Abbildung 11 zeigt Beispiele für Organisationen mit überwiegend standardisierten und überwiegend prozeßorientierten Arbeitsabläufen.

Organisationen mit überwiegend standardisierten bzw. prozeßorientierten Arbeitsabläufen

Organisationen	
mit überwiegend **standardisierten Arbeitsabläufen**	mit überwiegend **prozeßorientierten Arbeitsabläufen**
Produktionsbetriebe mit Serienfertigung	Größere Architekturbüros
Sozialämter	Soziale Beratungsstellen
Betriebe für einfache Dienstleistungen, z. B. Fastfood	Fachbereiche an Hochschulen
öffentliche Verwaltungen	Therapeutische Wohngemeinschaften
Banken	Fortbildungsinstitute
Versicherungen	Interessenverbände
United Parcel Service	Rehabilitationswerke

Abb. 11

...in der Güterproduktion

In Produktionsunternehmen herrschen generell standardisierte Arbeitsabläufe vor; sie bestimmen im Falle von Serienproduktion das operative System sowie mehrere subsidiäre Teilsysteme, während prozeßorientierte Arbeitsabläufe in Entwicklungsabteilungen, Fortbildung, Führung u.a. festzustellen sind. In den meisten sozialen Einrichtungen herrschen generell prozeßorientierte Arbeitsabläufe vor, sie bestimmen das operative System, Mitarbeiterführung, Fortbildung u.a., während standardisierte Arbeitsabläufe in Verwaltung, Informationssystemen, innerbetrieblichen Regelungen usw. Anwendung finden bzw. finden könnten. In den

...in sozialen Einrichtungen

meisten sozialen Arbeitsfeldern vollzieht sich die Arbeit durch Interaktionsprozesse zwischen Profi und KlientInnen: Beide zusammen steuern den Arbeitsablauf und nur beide zusammen können die beabsichtigten Änderungen herbeiführen und das Arbeitsergebnis bewirken. Die Mitwirkung der Klienten bringt eine eigene Dynamik in die Arbeitsabläufe, mindert Berechenbarkeit und Planungsmöglichkeiten, kann aber gerade dadurch die Orientierung an den Bedürfnissen und Möglichkeiten des Klienten die Arbeitsergebnisse wesentlich verbessern.

38

In einigen Feldern sozialer Arbeit können auch mehr oder weniger umfassende Teile des operativen Systems mit standardisierten Arbeitsabläufen betrieben werden. Dies ist in erster Linie in Einrichtungen der Fall, in denen die zielführenden Tätigkeiten weit überwiegend von den professionellen MitarbeiterInnen ausgeführt werden – ohne oder mit nur geringer Mitwirkung der Klienten - wie z.B. bei extremer Pflege- und Betreuungsbedürftigkeit und anderen Versorgungstätigkeiten (vgl. hierzu Abb. 9). Welche Tätigkeits*arten* im Sozialbereich standardisierbar bzw. prozeßorientiert sind, zeigt Abbildung 11a.

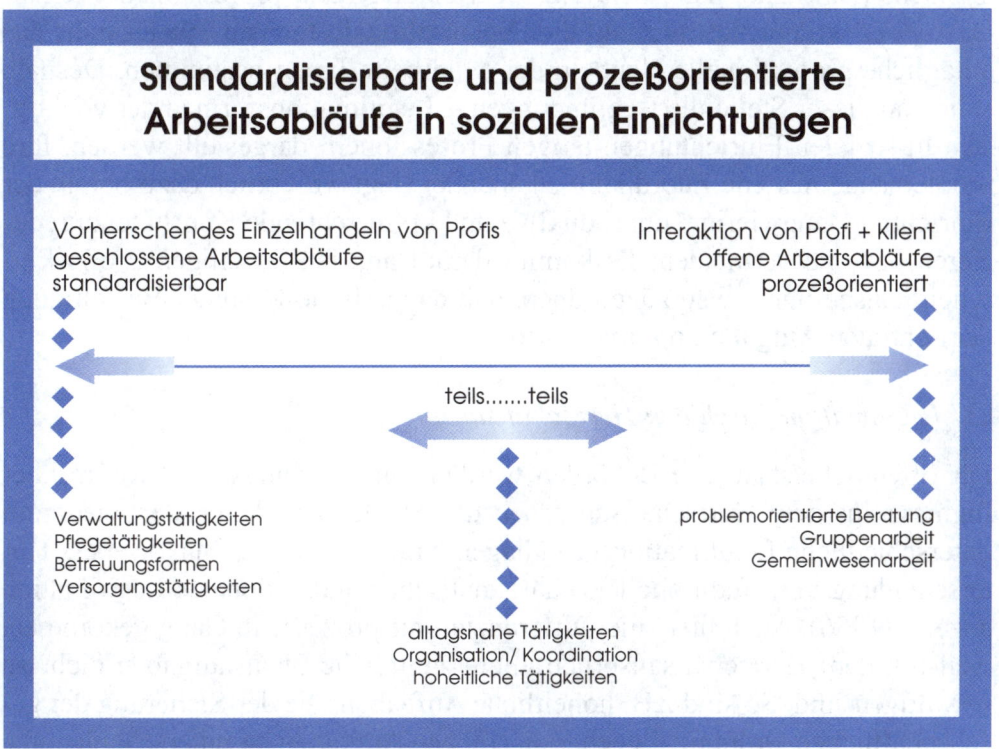

Standardisierbare und prozeßorientierte Arbeitsabläufe in sozialen Einrichtungen

Vorherrschendes Einzelhandeln von Profis
geschlossene Arbeitsabläufe
standardisierbar

Interaktion von Profi + Klient
offene Arbeitsabläufe
prozeßorientiert

teils.......teils

Verwaltungstätigkeiten
Pflegetätigkeiten
Betreuungsformen
Versorgungstätigkeiten

problemorientierte Beratung
Gruppenarbeit
Gemeinwesenarbeit

alltagsnahe Tätigkeiten
Organisation/ Koordination
hoheitliche Tätigkeiten

Abb. 11a

Standardisierte und prozeßorientierte Anteile von Arbeitsabläufen können in sozialen Einrichtungen oft miteinander verknüpft sein. So kann z.B. eine informationsorientierte Beratung weitgehend nach dem Schema wenn....dann standardisiert sein, jedoch prozeßorientierte Gesprächseinheiten zur Klärung von Problemen enthalten.

standardisierbare und prozeßorientierte Arbeitsabläufe identifizieren

Die folgenden Hinweise können helfen, standardisierbare und prozeßorientierte Arbeitsabläufe zu identifizieren:

❑ alle kreativen Leistungen stellen offene = prozeßorientierte Arbeitsabläufe dar; sie lassen sich nicht methodisch erzwingen;

❑ alle auf persönliche und/ oder soziale Entwicklung/Veränderung bezogenen Tätigkeiten sind offene Prozesse;

❑ alle einmaligen Arbeitsabläufe sind offen;

❑ Sachleistungen können grundsätzlich – wenn das benötigte Wissen verfügbar ist - in geschlossene = standardisierte Arbeitsabläufe gebracht werden;

❑ auf Personen bezogene, aber entpersönlichte Prozesse, z.B. Verwaltungs-vorgänge im Sozialbereich, können in geschlossene = standardisierte Prozeßabläufe gebracht werden;

❑ alle wiederholt durchgeführten Tätigkeiten von Menschen, die in ein ja - nein - Schema zu bringen sind, können auch standardisiert werden.

Legitimationsformen der MitarbeiterInnen klären

...warum? Typische Legitimationsformen, d.h. Begründungen für professionelle Verhaltensweisen wirken sich auch auf die Organisationsformen aus, weil sie die das alltägliche professionelle Handeln der MitarbeiterInnen bestimmen. Deshalb sollen an dieser Stelle die Begründungen = Legitimationsformen der wichtigsten in sozialen Einrichtungen tätigen Professionen dargestellt werden. Ihre problemangemessene Zuordnung zueinander trägt wesentlich dazu bei, in der Einrichtung langwierige, unproduktive und kräftezehrende Konflikte zu reduzieren bzw. zu vermeiden: Es kommt darauf an, den jeweiligen Profis Entscheidungsbefugnisse so zuzuordnen, daß dadurch die Lösung / Bewältigung der zentralen Aufgaben optimiert wird.

❑ *Legitimation durch den Herrschaftsanspruch des Staates*

Herrschaft Für öffentliche/staatliche Behörden werden Entscheidungs- und Kontrollbefugnisse aus dem Herrschaftsanspruch des Staates abgeleitet, der wiederum unterschiedliche Legitimationsgrundlagen haben kann, wie Max Webers Unterscheidung von traditioneller, charismatischer und rationaler Legitimation anzeigt (1956). Auch hier sind Differenzierungsprozesse in Gang gekommen, *...und Problemlösung* weil mit dem Herrschaftsanspruch allein zahlreiche Staatsaufgaben nicht zu bewältigen sind. So sind z.B. hoheitliche Aufgaben, die der Sicherung der gesellschaftlichen Ordnung dienen, von solchen Aufgaben zu unterscheiden, die auf die Lösung und Bewältigung bestimmter inhaltlich bestimmter Ziele bzw. *gehören oft zusammen* Probleme bezogen sind. Häufig sind diese beiden Aufgaben miteinander verquickt und müssen zusammen bearbeitet werden: Der Entzug des Sorgerechts ist eine hoheitliche Tätigkeit, die die Rechte von Kindern und Jugendlichen *Beispiel* schützen soll. Der bloße Entzug des Sorgerechts ist zwar ein Herrschaftsakt, *Sorgerechtsentzug* beinhaltet jedoch noch keine Lösung des Erziehungsproblems. Sinn macht der Sorgerechtsentzug nur dann, wenn das ihm zugrunde liegende Erziehungsproblem fachlich qualifiziert in Angriff genommen und bewältigt wird: Sicherung gesellschaftlicher Ordnung als Eingriff in Elternrechte zum Schutz der Kindesrechte mündet ein in Verantwortung für die Erziehung des Kindes, die auf der Grundlage fachlicher Qualifikation sicher zu stellen ist. Professionelles Handeln muß sich also daran messen lassen, inwiefern der Zweck der Hilfe: die Bewältigung der anstehenden Problemlage fachlich qualifiziert erreicht wird. Umgekehrt: Der Sorgerechtsentzug als Eingriff in Elternrecht und als Herrschaftsakt wird fragwürdig, wenn der handelnde Staat eine angemessene Erziehung nicht gewährleisten kann. Die Herrschaftslegitimation bildet also den Rahmen für die fachliche. Unzureichende fachliche Qualifikation und Legitimation untergräbt den Herrschaftsanspruch des Staates. Beide stützen sich gegenseitig.

40

❏ *Legitimation durch Eigentum*

In Betrieben der gewerblichen Wirtschaft in der Bundesrepublik und in anderen Industrieländern werden Dispositions- und Weisungsrechte aus dem Eigentum an den Produktionsmitteln abgeleitet. EigentümerInnen und ihre Beauftragten verfügen damit über weitreichende Gestaltungsmöglichkeiten in ihren Betrieben, die früher regelmäßig, gegenwärtig nicht unbedingt in einer Bündelung von Entscheidungs- und Kontrollbefugnissen an der Organisationsspitze ihren Ausdruck fanden.

Definition

❏ *Legitimation durch Qualifikation*

Es zeichnet sich allerdings seit einiger Zeit ab, daß die Fixierung auf Eigentumsrechte keine hinreichende Grundlage für ausgereifte Entscheidungen und wirtschaftlichen Erfolg mehr darstellt (vgl. Kap. 3 zu: Spezialisierung). Wirtschaftlicher Erfolg setzt eine Folge zahlreicher ausgereifter, fachkundiger Entscheidungen voraus. Aufgrund der Spezialisierung verteilt sich das notwendige Fachwissen auf immer mehr Beteiligte. Legitimation durch – meist - fachliche Qualifikation gewinnt deshalb ständig an Bedeutung und drängt andere Legitimationsformen, wie wir schon oben am Herrschaftsanspruch des Staates zeigten, immer mehr zurück. EigentümerInnen müssen also, wenn sie erfolgreich bleiben wollen, immer mehr Beteiligte in die laufenden Entscheidungsprozesse einbeziehen. Die Legitimationsgrundlage dieser fachlich versierten Beteiligten könnte zwar auch als Auftrag der EigentümerInnen interpretiert werden. Die aktuellen Strukturformen legen jedoch eher nah, von funktionaler Autorität (Hartmann 1964) im Sinne fachlicher Qualifikation zu sprechen. Entscheidungsrechte werden damit nicht an Positionen, sondern an Qualifikationen gebunden.

Legitimation durch Qualifikation auf dem Vormarsch

Analoge Verhältnisse bestehen zur Zeit im Sozialbereich bei den freien Trägern der Wohlfahrtspflege. Die häufigste juristische Person als Träger ist der eingetragene Verein. Die ehrenamtlichen, fachlich oft nicht qualifizierten Vorsitzenden sind befugt, den MitarbeiterInnen der von ihnen getragenen Einrichtungen Weisungen zu erteilen.

...auch in sozialen Einrichtungen

In beiden Fällen übersteigen die Entscheidungsbefugnisse des Führungspersonals bei weitem seine fachlichen Qualifikationen und es kommt entscheidend darauf an, daß es mit diesem Sachverhalt weise umgeht.

❏ *Verschiedene professionelle Legitimationsmuster*

Professionelle Legitimationsmuster haben sich im Zuge der Professionalisierung herausgebildet und ihre unterschiedlichen berufsspezifischen Ausprägungen gewonnen:

- TechnikerInnen geht es um die Optimierung von technischer Qualität,

- Kaufleute optimieren nach Ertragskriterien,

- Verwaltungsfachleute optimieren nach Grundsätzen wie Gleichbehandlung, Übereinstimmung mit den Gesetzen, Sparsamkeit, usw.

41

- PädagogInnen, PsychologInnen, SozialpädagogInnen...usw. orientieren sich an der bestmöglichen Problemlösung im Einzelfall.

- Ärzte folgen den im hippokratischen Eid zusammengefaßten Leitbildern

❑ *Legitimation durch Glauben*

Glaube als Legitimation

Caritas und Diakonisches Werk als die großen christlichen Wohlfahrtsverbände begründen ihr Engagement für soziale Hilfen mit dem in ihren Glaubensüberzeugungen verankerten Gebot der Nächstenliebe.

...in der röm.-kath. Kirche

- Für die (römisch-katholische) Kirche gilt das durch Schrift und Tradition begründete, auch kirchenrechtlich verfaßte *Lehramt des Papstes*, d.h. der Glaube an die Unfehlbarkeit des Papstes, als Legitimationsgrundlage. Bekanntermaßen bündelt gerade diese Legitimation die Entscheidungs- und Kontrollbefugnisse an der Organisationsspitze und bedingt damit die Abhängigkeit und Ohnmacht der Gläubigen (und massive innerkirchliche Probleme).

...in reformierten Kirchen

- Das Gegenmodell findet man in den protestantischen Kirchen reformierten Bekenntnisses, in denen Legitimation auf dem *Glauben der Gemeinde* beruht. Es handelt sich also - in weltlichen Begriffen - um basisdemokratische Legitimation. Die geistlichen WürdenträgerInnen werden von den Gläubigen gewählt.

❑ *Verhaltensweisen als Selbstzweck*

...weil es Spaß macht...

Ein großer Teil menschlicher Verhaltensweisen kann nicht aus übergeordneten Prinzipien abgeleitet oder legitimiert werden, sondern trägt seinen Sinn in sich selbst. Und das ist gut so. Die meisten Menschen essen und trinken nicht nur, um zu überleben, sondern weil es halt Spaß macht. Vielen bereitet es Freude, zu schwimmen oder einen anderen Sport zu betreiben; andere musizieren gerne, sammeln Mineralien, Geigen, Bierfilze, Flaschen, altes Glas, tibetische Kupferteekannen usw. Die Liste läßt sich beliebig verlängern. Begründungen sind da nicht sonderlich ergiebig. Aufschlußreich ist schon eher, wie Menschen zu solchen Spaß machenden Tätigkeiten gekommen sind und welche Gefühle sie dabei haben. Ich halte es also nicht für sinnvoll, für alle Verhaltenweisen mehr oder weniger krampfhaft nach einer besonderen Legitimation zu fragen oder sie gar einzufordern. Eine klare Grenzziehung zu anderen Legitimationsformen ist auf der inhaltlichen Ebene nicht möglich, da man mehr oder weniger alle Tätigkeiten einerseits verzwecken und andererseits zum Selbstzweck erheben kann. Kritisch wird die Situation für Menschen dann, wenn es keine oder fast keine Verhaltensweisen mehr für sie gibt, die sie aus Spaß an der Freud tun. Dies schließt soziale Normen nicht aus, da die Befriedigung vitaler Bedürfnisse stets daran gebunden ist, die Rechte anderer nicht zu verletzen.

42

❑ *Verschiedene Handlungslogiken*

Stoßen in einer Organisation zwei oder mehr verschiedene Handlungslogiken aufeinander, so ist mit massiven Auseinandersetzungen zu rechnen, wie wir sie zwischen TechnikerInnen und Kaufleuten in der gewerblichen Wirtschaft und zwischen SozialpädagogInnen und Verwaltungsfachleuten, zwischen Sozialberuflern und kirchlichen Würdenträgern, Sozialberuflern und Ärzten im Sozialbereich kennen. Häufig entstehen dann ernsthafte Auseinandersetzungen, wenn Mitglieder eines Berufsstandes für ihre Begründungsmuster und Leitbilder Priorität und Unterordnung der anderen beanspruchen, statt sich klientenorientiert interdisziplinär zu verständigen.

Legitimationsmuster im Konflikt

Zwar stehen alle sozialen Einrichtungen vor der Aufgabe, unterschiedliche berufliche Legitimationsmuster klientenorientiert zu koordinieren und zu integrieren. Die konfessionellen Träger der Wohlfahrtspflege haben dabei die schwierigste Aufgabe; sie müssen oft vier und mehr professionelle Legitimationsmuster miteinander in Einklang bringen, um einseitige Vorherrschaften zu Lasten qualifizierter Betreuung der Klienten zu vermeiden bzw. möglichst gering zu halten:

Schwierigkeiten konfessioneller Träger

- das religiöse (theologische),

- das sozialpädagogische,

- das psychologische

- das verwaltungsmäßige,

- das betriebswirtschaftliche.

- das.......

Der anhaltende Säkularisierungsprozeß lockert die inhaltlich geprägten Bindungen der MitarbeiterInnen an ihre Kirchen immer mehr, so daß es für die konfessionellen Träger trotz Arbeitsplatzknappheit immer schwieriger wird, ihre Vorstellungen von Legitimation zur Geltung zu bringen. Die konfessionellen Träger – sie leisten immerhin ca. 60 % der sozialen Arbeit- sind also in einer schwierigen Lage.

Struktur entwickeln - Standortbestimmung

Dabei kommt es darauf an, Ziele, Teilziele, und darauf bezogene standardisierte und prozeßorientierte Arbeitsabläufe und Entscheidungsbefugnisse unter Berücksichtigung der professionellen Legitimationsmuster in einen möglichst stimmigen, d.h. widerspruchsarmen Zusammenhang zu bringen. Von Widerspruchsfreiheit reden nur Träumer. Unterschiedliche bis gegensätzliche Interessen und Konfliktlagen sind in allen Organisationen in verschiedenartigen Ausformungen der Normalfall.

...die Synthese

Weil soziale Einrichtungen meistens klein oder mittelgroß sind, ist ein Aufbau problemangemessener Organisationsformen durchaus von den Problemen der Zielpersonen und –gruppen sinnvoll: Von der Problemanalyse über Zielbestimmung, die Erarbeitung der standardisierten und prozeßorientierten

als induktive Entwicklung

Arbeitsabläufe, die Festlegung des Leistungsumfangs und der Leistungskapazität, die dafür angemessene Arbeitsteilung und Zuweisung von Entscheidungsbefugnissen bis hin zur Ermittlung des Personalbedarfs, des MitarbeiterInnenbildes, des Führungskonzeptes und der Führungsaufgaben.

Orientierung durch Standardisierung

Standardisierung von Arbeitsabläufen erfolgt durch präzise Regelung zwecks Transparenz, Fehlervermeidung, Berechenbarkeit und gleichbleibender Qualität.

Flexibilität + Kreativität durch Handlungsspielräume

Demgegenüber geht es bei Zielen, die mit prozeßorientierten Arbeitsabläufen erreicht werden sollen, gerade darum, Flexibilität und Kreativität zu ermöglichen, indem man Handlungs- und entsprechende Entscheidungsspielräume für die MitarbeiterInnen und KlientInnen strukturell sichert, d.h. indem man sich auf das funktionsnotwendige Minimum formalisierter Regelungen beschränkt.

problemangemessene Entscheidungsbefugnisse

Im Falle konkurrierender berufsspezifischer Leitbilder und Problemzugänge sollten Entscheidungsbefugnisse so zugewiesen werden, daß die *inhaltiche* Problembewältigung möglichst gut gewährleistet wird. Dies kann je nach Arbeitsfeld eine einvernehmliche Teamentscheidung sein, die Weisungsbefugnis der Sozialpädagogen gegenüber den Sachbearbeitern der Verwaltung (Trierer Modell), oder auch die Aufteilung von Entscheidungsbefugnissen zwischen Angehörigen unterschiedlicher Berufsgruppen oder......

Standortbestimmung

Auf der Grundlage der dargestellten Zusammenhänge kann man ein Anforderungsprofil entwickeln, in dem gleichsam die Aufgaben präzisiert werden, die durch eine Organisationsstruktur eingelöst werden sollen. Die sorgfältige Bearbeitung des folgenden Fragenkatalogs mündet in ein derartiges Anforderungsprofil ein:

❑ Welche Ziele verfolgt die Organisation?

❑ Welche dieser Ziele können ihrer Eigenart entsprechend durch standardisierte Arbeitsvorgänge erreicht werden?

❑ Welche dieser Ziele können ihrer Eigenart entsprechend nur durch prozeßorientierte Arbeitsvorgänge angegangen werden?

❑ Welche weiteren, funktionsnotwendigen Arbeitsvorgänge, die standardisiert werden können, fallen in der Organisation an (z.B. Verwaltung, Abrechnung, Raumbelegung, Schließdienste, Anmeldeverfahren usw.)?

❑ Welche funktionsnotwendigen Verbindungen = Schnittstellen bestehen zwischen verschiedenen MitarbeiterInnen?

❑ Welchen übergeordneten, z.B. weltanschaulichen Leitbildern, die die Erfüllung der Ziele und die entsprechenden Arbeitsvorgänge beeinflussen, ist die Organisation verpflichtet?

❑ Welche Leitbilder des professionellen Handelns (= Legitimationsformen) sind bei den MitarbeiterInnen festzustellen?

❑ Welche Gegensätze treten gegebenenfalls bei diesen Legitimationsformen auf, die die MitarbeiterInnen bei ihrer Arbeit behindern oder gar blockieren?

44

3 Der Einfluß des gesellschaftlichen Wandels auf Organisationen

Bevor ich die Stärken und Schwächen der drei Organisationsmodelle behandle, möchte ich auf gesellschaftliche Veränderungen eingehen, die zahlreiche Organisationen unter Veränderungsdruck setzen. Auf diesem Hintergrund kann zusätzlich zu den vorausgegangenen Ausführungen deutlich gemacht werden, warum z.B. die Ausprägung der Organisationselemente im ROM für bestimmte Produktionsziele und soziale Dienstleistungen ungeeignet ist, d.h. allenfalls mit hohen Reibungsverlusten bzw. bescheidenen Wirkungen arbeiten kann. Ebenso kann evident gemacht werden, unter welchen Bedingungen das ROM auch gegenwärtig funktionsfähig sein kann.

Gesellschaftliche Veränderungen

Wirtschaftliche Betriebe und soziale Einrichtungen sind nur teilweise denselben gesellschaftlichen Veränderungen, und dies mit unterschiedlichen Wirkungen, ausgesetzt. Teilweise werden sie durch unterschiedliche gesellschaftliche Prozesse beeinflußt. Ich behandle deshalb wirtschaftliche Betriebe und soziale Einrichtungen soweit zusammen, als sie von denselben gesellschaftlichen Veränderungen betroffen sind und gehe darüber hinaus getrennt auf sie ein. Die Abbildungen 12 und 13 stellen die Zusammenhänge im Überblick dar.

Abb. 12

45

**Treibende Kräfte für Organisationsveränderungen
in der Wirtschaft**

Gesellschaftliche Entwicklungen

Differenzierung — Berufsentwicklung
Individualisierung → Komplexität ← → Spezialisierung ← Marktwirtschaft
Selbstbestimmung Konkurrenz

Organisation

Innovation — Management
Internationalisierung der Wirtschaft
Rationalisierung
Verwirklichungsdruck

Abb. 13

Personal- und Organi-
sationsentwicklung

Als wichtigste Instrumente zur Veränderung von Organisationen erweisen
sich immer mehr Personal- und Organisationsentwicklung. Beide lassen sich
wegen ihrer inhaltlichen Zusammenhänge nicht voneinander trennen. Ent-
wickeltes Personal braucht Strukturen, die der Entwicklung Rechnung tragen. Veränderung von Organisationen kann nicht viel bewirken, wenn sich
die beteiligten Personen nicht mit ändern. Besonders haben sich Qualitätszirkel bewährt, beides in der Strategie der vielen kleinen Schritte miteinander
zu verbinden. Abbildung 14 verdeutlicht die wichtigsten Aspekte von Perso-
nal- und Organisationsentwicklung.

Personal- und Organisationsentwicklung

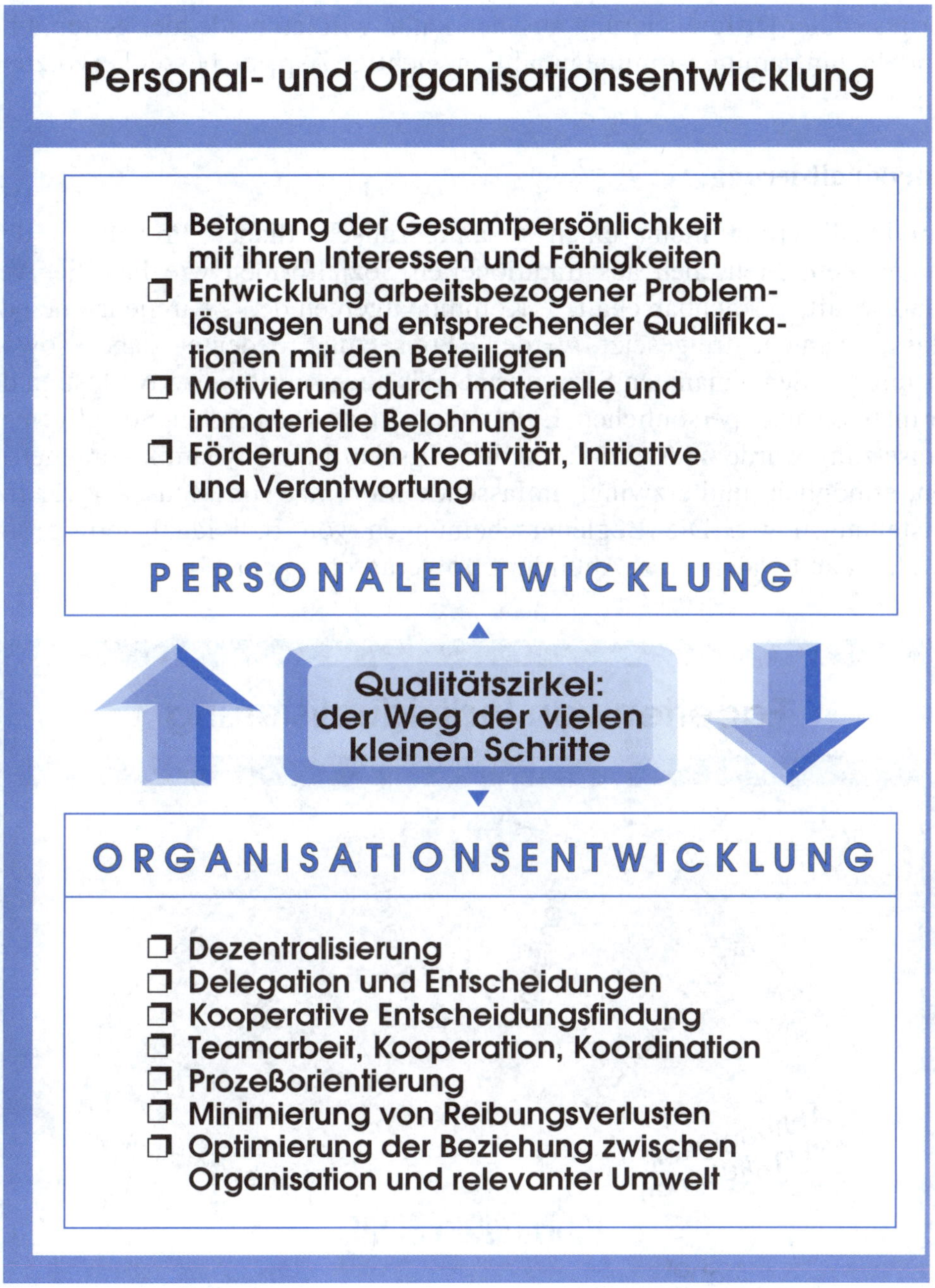

□ Betonung der Gesamtpersönlichkeit mit ihren Interessen und Fähigkeiten
□ Entwicklung arbeitsbezogener Problemlösungen und entsprechender Qualifikationen mit den Beteiligten
□ Motivierung durch materielle und immaterielle Belohnung
□ Förderung von Kreativität, Initiative und Verantwortung

PERSONALENTWICKLUNG

Qualitätszirkel: der Weg der vielen kleinen Schritte

ORGANISATIONSENTWICKLUNG

□ Dezentralisierung
□ Delegation und Entscheidungen
□ Kooperative Entscheidungsfindung
□ Teamarbeit, Kooperation, Koordination
□ Prozeßorientierung
□ Minimierung von Reibungsverlusten
□ Optimierung der Beziehung zwischen Organisation und relevanter Umwelt

Abb. 14

Wirtschaftsbetriebe und soziale Einrichtungen müssen sich mit den Auswirkungen von

□ Individualisierung,

□ sozialer Differenzierung,

□ Wissensvermehrung und beruflicher Spezialisierung sowie

□ Rationalisierung

auseinandersetzen. Obwohl man berufliche Spezialisierung sicher als eine Form sozialer Differenzierung ansehen kann, will ich beide hier getrennt behandeln, um damit bestimmte inhaltlich wichtige Aspekte besser hervorzuheben.

Individualisierung

Individualisierung

Individualisierung meint einen gesamtgesellschaftlichen Prozeß, in dem immer mehr Menschen aus traditionellen Sozialformen wie Familie, Verwandtschaft, Nachbarschaft, Kommunalgemeinde, Kirchengemeinde, Klasse, Schicht freigesetzt werden. Freisetzung bedeutet dabei sowohl Lösung aus den genannten Sozialformen als auch schrittweise Auflösung der normativen und persönlichen Einbindung in die genannten Sozialformen. Freisetzung wurde und wird durch die wirtschaftliche Dynamik vorangetrieben, ermöglicht und erzwingt umfassende Mobilität von Menschen für ihre Anstellungsträger. Die Begleiterscheinungen von Individualisierung sind durchaus ambivalent, was Abbildung 15 veranschaulicht.

Abb. 15

48

Der Einfluß des gesellschaftlichen Wandels auf Organisationen

Einige wichtige Folgeerscheinungen der Freisetzung möchte ich hervorheben (Beck 1986, Zapf 1987, Engelhardt 1991):

Folgeerscheinungen der Freisetzung

❏ Die einzelnen Menschen müssen die wichtigen Entscheidungen in ihrer Lebensführung und Lebensplanung immer mehr weitgehend ohne den Rückhalt in den oben genannten Sozialformen treffen.

Selbstbestimmung

❏ Dieser Zwang zur individuellen Entscheidung ist ambivalent. Einerseits wird selbständige Entscheidung als Ausdruck von Freiheit und Selbstbestimmung hoch bewertet. Deshalb wird selbständige Entscheidung in immer mehr Handlungsfeldern eingefordert, z.B. am Arbeitsplatz im Rahmen der erworbenen Qualifikation und Erfahrung. Auch wollen Menschen mit Problemen zunehmend bei der Bewältigung ihrer Probleme aktiv mitwirken und mitentscheiden, nicht bloß Objekte professioneller Maßnahmen sein.

Ambivalenz

❏ Bloß weisungsgebundene, ausführende Tätigkeiten werden deshalb von qualifizierten MitarbeiterInnen immer weniger akzeptiert und hingenommen.

❏ Andererseits macht der schwindende Rückhalt in den traditionellen Sozialformen Menschen auch krisenanfälliger in schwierigen Lebenssituationen. Der Ausbau von stützenden Maßnahmen und Einrichtungen wird in Betrieben und in der sozialen Infrastruktur immer notwendiger und führt zur weiteren strukturellen Differenzierung.

Krisenanfälligkeit

❏ Individualisierung von Entscheidungen bedeutet auch individuelle Konsum- und Dienstleistungswünsche, eigenständige Gestaltung des Lebensstils und der persönlichen Netzwerke, die jeweils als Umweltansprüche auf die Güterproduktion und die AnbieterInnen von Dienstleistungen, einschließlich der sozialen, zurückwirken. Somit ändert sich ständig das Anforderungsprofil an Organisationen, die immer wieder vor neuen Herausforderungen stehen und diese auch *strukturell* bewältigen müssen.

Eigenständige Gestaltung des Lebensstils

Soziale Differenzierung

Soziale Differenzierung meint die fortschreitende Auffächerung und Verästelung sozialer Strukturen und Lebensverhältnisse. Soziale Differenzierung ist in Verbindung mit Individualisierung zugleich als Ursache *und* als Folge der wirtschaftlichen Dynamik zu verstehen; sie wird subjektiv als Unübersichtlichkeit und Komplexität wahrgenommen, denen man mit neuen Formen der Zusammenfassung z.B. durch Koordinations- und Beratungsstellen zu begegnen sucht. Soziale Differenzierung vollzieht sich im Zusammenhang mit anderen sozialen Erscheinungen, ist zugleich Ursache von Reaktionen und Folge von Veränderungen in anderen Bereichen. Hier kann nur auf einige Gesichtspunkte und Verknüpfungen hingewiesen werden, um wenigstens eine überblickhafte Vorstellung zu ermöglichen:

Soziale Differenzierung

❏ Soziale Differenzierung ist teilweise das Ergebnis von Individualisierung, insofern individuelle Entscheidungen und Präferenzen nur teilweise sozial vorgegebenen Mustern folgen und in unterschiedliche Bedürfnisse, Konsumgewohnheiten, aber auch Probleme einmünden.

Ergebnis von Individualisierung

Spezialisierung
❏ Soziale Differenzierung erwächst jedoch auch aus der Vermehrung von Wissen und der ihr folgenden fortschreitenden Spezialisierung, die sowohl weitere Auffächerung von Erfahrungswelten und Lebenslagen als auch von Strukturen, die darauf reagieren, nach sich ziehen. Je nach gesellschaftlichem Bereich und Wirtschaftsbranchen entstehen daraus recht unterschiedliche Problemkonstellationen und Herausforderungen.

Strukturelle Differenzierung
❏ Differenzierung der Bedürfnisse und Konsumgewohnheiten ziehen strukturelle Konsequenzen in jenen Organisationen nach sich, die Produkte und Dienstleistungen herstellen und verkaufen wollen und sich für Produktion und Vertrieb an den KundInnenwünschen orientieren (müssen). Soziale Differenzierung setzt also strukturelle Differenzierung der Organisationen in Gang, provoziert sie dann aber auch in den Lebenslagen der Bevölkerung. Es handelt sich also um Wechselwirkungen:

Innovation
❏ Der Wettbewerb treibt die Entwicklung bzw. Innovation neuer Produkte und Dienstleistungen zusätzlich an, die das wirtschaftliche Überleben der Betriebe sichern sollen. Damit modifiziert und überformt Wettbewerb "alte" Bedürfnisse, suggeriert und produziert neue Produktentwicklung, mobilisiert auf diesem Weg innovative Technologie und diese wieder soziale und strukturelle Differenzierung.

Eigendynamik
❏ Die angesprochenen Verknüpfungen lassen erkennen, daß soziale und strukturelle Differenzierungen in der Gesellschaft die ständige Anpassung und Entwicklung von Personal und Organisation nahelegen. Differenzierung macht aber ihrerseits wieder Formen der integrierenden Zusammenfassung dringlich; so erzeugt soziale Differenzierung, wenn sie erst einmal in Gang gekommen ist, eine Eigendynamik zu weiterer Differenzierung.

Berufliche Spezialisierung

Spezialisierung
Während die aus rein ökonomischen Gründen betriebene Arbeitsteilung zum Stillstand kommt bzw. teilweise rückgängig gemacht wird, weil sie immer wieder auch kontraproduktiv wirkt, schreitet die durch Vermehrung des Wissens bedingte Arbeitsteilung, d.h. Spezialisierung weiter fort. Spezialisierung meint die Herausbildung neuer Wissensbereiche z.B. im Zuge neuer Technologien und die Differenzierung bekannter Wissensgebiete zu neuen Berufsfeldern. So haben sich im Sozialbereich Ausländer-, Asylbewerber- und Flüchtlingsarbeit erst in den letzten Jahren entwickelt, weil die internationalen Wanderungen dementsprechende Probleme mit sich brachten. Die elektronische Datenverarbeitung ist auf dem besten Wege, fast alle gesellschaftlichen Bereiche zu beeinflussen oder umzugestalten und produziert damit zahlreiche spezialisierte Berufstätigkeiten. Spezialisierung ist beides, Reaktion auf aktuelle Probleme zwecks Lösung und ein sich selbst fortschreibender Prozeß, und steht als Form sozialer Differenzierung in engem Zusammenhang mit Individualisierung und Wettbewerb/Marktwirtschaft.

Implikationen für Entscheidungsformen
Zusätzlich zur gerade angesprochenen Differenzierungswirkung ergibt sich die Notwendigkeit, überkommene Entscheidungsformen zu überdenken und durch problem- und situationsangemessene Formen zu ersetzen. Umwäl-

50

zende strukturelle Veränderungen lassen sich im Zuge veränderter Entscheidungsformen gar nicht vermeiden. Die wichtigsten Implikationen der Spezialisierung für Entscheidungsformen und Organisationsstrukturen sind folgende:

❑ Die Spezialisierung von Wissen und entsprechenden beruflichen Tätigkeiten in der Entwicklung und Herstellung von Produkten und bei der Erbringung von Dienstleistungen hat eine breite und sich stetig ausweitende Verteilung von Wissen zur Folge.

Verteilung von Wissen

❑ Nur noch bei relativ einfachen Produktionsprozessen und Dienstleistungen können die Betriebsleiter das gesamte Wissen, das zu Produktion und Vertrieb bzw. Dienstleistung benötigt wird, beherrschen. In diesen Fällen beruht die Leitungsfunktion auf Fachkompetenz *und* Weisungsrecht.

❑ Je differenzierter und komplexer Produktions- und Dienstleistungsprozesse in Betrieben sich entwickeln, desto unwahrscheinlicher ist es, daß Personen in Führungspositionen über das gesamte Wissen verfügen, das in ihrem Zuständigkeitsbereich zur Erfüllung ihrer Aufgaben benötigt wird. Das benötigte Wissen ist also auf mehrere bis viele MitarbeiterInnen verteilt. Die Entwicklung tendiert zu einer zunehmend breiteren Verteilung.

❑ Betriebe mit traditioneller Struktur, in der Entscheidungs- und Kontrollbefugnisse ausschließlich oder überwiegend der Organisationsspitze zugeordnet sind, tun sich schwer, fachlich ausgereifte Entscheidungen zu treffen, weil die entscheidungsbefugten MitarbeiterInnen nicht hinreichend über die relevanten Informationen verfügen. Es kommt deshalb häufig zu Auseinandersetzungen um Fehler erzeugende Entscheidungen und zu erheblichen Reibungsverlusten (Ballon 1986).

Ausgereifte Entscheidungen

❑ Wollen sich Betriebe im Wettbewerb behaupten, so stellt die Optimierung der Entscheidungsformen einen wichtigen Bezugspunkt dar: Entscheidungsbefugnisse sind den Personen/RollenträgerInnen zuzuordnen, die zu einem entscheidungsbedürftigen Sachverhalt über die größte Informationsdichte verfügen. Müssen zu einer Aufgabenlösung unterschiedliche Wissens- und Erfahrungsbestände verknüpft werden, so kommt es darauf an, geeignete kooperative bzw. partizipative Formen der Entscheidungsfindung zu entwickeln. Die Japaner sind in diesem Bereich bisher unübertroffene Meister.

Optimierung der Entscheidungsformen

❑ Spezialisierung von Wissen und beruflichen Tätigkeiten erzwingt also - Qualität und Produktivität als Maßstäbe vorausgesetzt - Dezentralisierung und Delegation von Entscheidungsprozessen, die aufgrund wachsender Komplexität zunehmend kooperativ zu treffen sind. H.P. Bahrdt hat auf diesen Sachverhalt schon 1959 (!) hingewiesen. Offensichtlich unterschätzt man immer wieder die Beharrungskräfte in den Organisationen.

Dezentralisierung und Delegation

51

Soziale Kompetenzen

❑ Zusätzlich zu den fachlichen Qualifikationen gewinnen deshalb soziale Kompetenzen für Kooperation, Teamarbeit und Koordination stets an Bedeutung.

Veränderungen der Sozialstruktur

❑ Soweit die Entscheidungsformen und -befugnisse sich tatsächlich an funktionaler Autorität (Hartmann 1964) orientieren, ergeben sich grundlegende Veränderungen der Sozialstruktur des Betriebes bzw. der Organisation:

– Dezentralisierung und Delegation von Entscheidungsbefugnissen;

– Abflachung der Hierarchien, eventuell Verminderung der Zahl der Organisationsebenen;

– Relative Aufwertung der unteren Organisationsebenen;

– Zunehmende Versachlichung von Entscheidungsvorgängen;

– Verlagerung von Entscheidungsbefugnissen von der Linie zu den Fachleuten;

– Verlagerung von Ein-Mann-Entscheidungen hin auf kooperative Formen der Entscheidungsfindung;

– Ergänzung der vertikalen durch horizontale Kommunikationsprozesse;

– Tendenzielle Veränderung der vertikalen Kommunikation von Weisungen/Gehorsam auf Beratung und Aushandlungsprozesse;

– Erheblicher Bedeutungszuwachs für soziale Kompetenzen;

– Veränderung des Tätigkeitsprofils des Führungspersonals.

Die dargestellte Entwicklung bleibt nicht auf die gewerbliche Wirtschaft begrenzt, sondern berührt mit gewissen bereichsspezifischen Variationen auch soziale Einrichtungen, öffentliche Verwaltungen, Verbände, Kirchen u.a.

Individualisierung, soziale Differenzierung und Spezialisierung wirken auf privatwirtschaftliche und alle andere Organisationen auf je eigene Weise ein. Es gibt allerdings auch gesellschaftliche Veränderungen, die die Organisationen in unterschiedlicher Weise treffen. Am Sozial- und Wirtschaftsbereich soll dies verdeutlicht werden.

Rationalisierung

Rationalisierung

Im Zuge dieser Entwicklungen verändern sich auch die Begriffsinhalte von *Rationalisierung*. Darunter verstand man im Abendland ursprünglich Denken, Handeln und Organisieren in möglichst eindeutigen und überprüfbaren Ursache - Wirkungszusammenhängen. Zweifellos durchdringt diese Perspektive immer mehr Lebenszusammenhänge, erweitert sich aber, um der zunehmenden Komplexität und Differenzierung gesellschaftlicher Verhältnisse gewachsen zu sein. Rationales Verhalten muß deshalb lineares Ursache-Wirkungsdenken überschreiten, und beinhaltet,

52

Der Einfluß des gesellschaftlichen Wandels auf Organisationen

❏ komplexe, multikausale Bedingungskonstellationen zu klären und zu bewältigen,

❏ Gegensätze und Widersprüche auszugleichen,

❏ schwierigen Situationen gerecht zu werden,

❏ problemangemessene Maßnahmen ausfindig zu machen und zu handhaben.

Die Rechtsentwicklung im Sozialbereich

Betrachtet man die Entwicklung des Rechts für die soziale Versorgung seit der Sozialgesetzgebung Bismarcks, so läßt sich eine langsame aber insgesamt kontinuierliche Verschiebung vom Ordnungsrecht zu rechtlich festgelegten individuellen Dienstleistungsansprüchen feststellen, ohne daß ordnungsrechtliche Bestandteile verschwunden sind oder aufgegeben werden können. Man könnte sogar von einem Paradigmenwechsel sprechen. Diese unübersehbare Verlagerung kann an der rechtlich fixierten Aufgaben- und Angebotsstruktur nachvollzogen werden.

Vom Ordnungsrecht zu individuellen Dienstleistungsansprüchen

Der ordnungsrechtlich akzentuierten Gesetzgebung entsprach und entspricht organisatorisch die anlaßorientierte Eingriffsverwaltung durch Ämter, deren Strukturen dem weiter oben beschriebenen ROM und Max Webers Bürokratiemodell nahe kommen und auf die Durchsetzung staatlicher Herrschaft hinorientiert sind. Soweit jedoch aufgrund geltenden Rechts auch von staatlicher Seite her immer mehr soziale Dienstleistungen zu erbringen sind, verlagert sich die Zielsetzung von Herrschaft auf die Lösung bzw. Bewältigung von Problemen. Umfassende Organisationsveränderungen sind deshalb nicht zu umgehen. So sind z.B. im Kinder- und Jugendhilfegesetz (KJHG) fördernde und unterstützende Maßnahmen vorgesehen, die - so die Einsicht im Münchner Jugendamt - mit der traditionellen Amtsstruktur nicht zu leisten sind. Dementsprechend bemüht man sich um geeignete Organisationsformen. Vergleichbare Entwicklungen haben auch in anderen Arbeitsfeldern eingesetzt.

Orientierung an Problemen rückt neue Bezugspunkte ins Blickfeld und schafft spezifische Rahmenbedingungen für die Organisation sozialer Dienstleistungen: Problembewältigung

Orientierung an Problemen

❏ ist auf die Mitwirkung der Betroffenen angewiesen;

❏ sie muß dabei die Lebensgeschichte und die Lebenswelt der Betroffenen berücksichtigen;

❏ sie benötigt dazu je nach Problemlage - nicht immer - stadtteilnahe soziale Dienste (=Regionalisierung),

❏ deren MitarbeiterInnen mit den für die tägliche Arbeit notwendigen Entscheidungsbefugnissen (= Delegation, Dezentralisierung) ausgestattet sind;

❏ sie braucht, um erfolgreich zu sein, die stetige Qualifizierung der MitarbeiterInnen im Arbeitszusammenhang, und

❏ entwickelte und deshalb funktionsfähige Kooperationsbeziehungen im Arbeitsfeld.

53

Grundsätzlich stehen dabei die öffentlichen und privaten Träger der Wohlfahrtspflege vor ähnlichen Problemen, obwohl den letzteren weitere Handlungsspielräume offenstehen.

Wettbewerb - Marktwirtschaft

Wettbewerb und Marktwirtschaft

Wettbewerb und Marktwirtschaft sind in der gewerblichen Wirtschaft seit langer Zeit allgegenwärtig und haben sich in den letzten Jahrzehnten erheblich verschärft; sie zwingen Betriebe zu stetigen Anstrengungen, um im Wettbewerb bestehen und das wirtschaftliche Überleben sichern zu können. Die gegenwärtige Situation kann folgendermaßen charakterisiert werden:

..gegenwärtige Situation

Die Internationalisierung der Märkte und Wirtschaftsbeziehungen schreitet fort und erfaßt immer mehr Branchen.

Gebietsmonopole und geschlossene Märkte nehmen ab.

❑ Die jährliche Zahl der Betriebszusammenlegungen und Aufkäufe schreitet auf hohem Niveau fort.

❑ Die jährliche Zahl der Konkurse erreicht 1994 mit über 19 000 einen neuen Höchststand.

❑ Der Wettbewerb wird immer härter und greift zunehmend auf politische Entscheidungsträger über, die bei der Vermarktung im jeweiligen Ausland nachhelfen.

❑ Der Wettbewerbsdruck zwingt die Betriebe, die aus der Spezialisierung resultierenden Mahnungen zu Organisationsveränderungen zu befolgen, um im Interesse der Produktivität Reibungsverluste zu vermeiden. Der Wettbewerbsdruck geht dabei zur Zeit vor allem von den USA, von Japan und den aufstrebenden Schwellenländern aus.

..im Sozialbereich

Im Sozialbereich ist eine ganz andere Konstellation von Bedeutung, ohne auch nur annähernd so viel Druck ausüben zu können, wie dies der Wettbewerbsdruck in der gewerblichen Wirtschaft vermag. Unter den Einrichtungen der sozialen Versorgung gibt es bisher marktwirtschaftliche Elemente nur in sehr begrenzten Formen. Nur überaus selten ist das weitere Bestehen einer sozialen Einrichtung gefährdet, weil sie mit vergleichbaren Einrichtungen nicht mehr mithalten kann. Umfang und Eigenart materieller Leistungen und sozialer Dienstleistungen werden nur in geringem Ausmaß über die Nachfrage von Betroffenen gesteuert. Eine Nachfrageorientierung liegt nur in der Form vor, daß öffentliche und freie Träger der Wohlfahrtspflege und die Gesetzgeber nach eigener Lageeinschätzung auf wahrgenommene Bedarfe reagieren. Allerdings gewinnen marktwirtschaftliche Elemente in der Sozial- und Gesundheitsversorgung an Bedeutung, was man an der Diskussion über Budgetierung, Leistungsverträge sowie Gründung privatwirtschaftlich organisierter Pflegedienste ablesen kann. So werden zur Zeit (April 1995) in München die ersten Leistungsverträge mit Einrichtungen der freien Träger der Wohlfahrtspflege vorbereitet. Die längere Laufzeit der Verträge, z.B. drei Jahre, ermöglicht mittelfristige Planung, die Budgetierung betriebswirtschaftliche Flexibilität, die Definition von Leistungszielen, mehr Transparenz. Zur Zeit kann man nur darüber spekulieren, ob und welche Auswirkun-

Der Einfluß des gesellschaftlichen Wandels auf Organisationen

gen die europäische Einigung auf die Entwicklung sozialer Einrichtungen haben wird. Einige Autoren erwarten von der europäischen Einigung marktwirtschaftliche Impulse, weil sie mit der Aktivität von Einzelpersonen und Organisationen aus anderen Ländern der Europäischen Union in der Bundesrepublik rechnen (H. Hartmann 1990; B. Henningsen 1990; D. Jarre 1990; O. Kuby 1990; B.-O. Kuper 1990; S. Leibfried 1990; B. v. Maydell 1990). Nach meiner Einschätzung ist in mehreren Arbeitsfeldern der Sozialarbeit eher eine Absenkung der Leistungs- und erforderlichen professionellen Qualifikationsstandards zu erwarten. Eine erhebliche Belebung marktwirtschaftlicher Elemente durch die anderen Länder der Europäischen Union wird wohl, wenn überhaupt, erst mittelfristig einsetzen. So attraktiv sind die Löhne im Sozialbereich auch wieder nicht, daß sie größere Wanderungsströme innerhalb Europas auslösen.

Konsequenzen der gesellschaftlichen Veränderungen für den Sozialbereich

An Beispielen möchte ich verdeutlichen, was die geschilderten gesellschaftlichen Veränderungen für den Sozialbereich bedeuten und wie sie zusammenhängen. Danach möchte ich die Situation zusammenfassen und einige Folgerungen ziehen.

Als Beispiel scheint mir die Entwicklung von Selbsthilfeinitiativen in München (Engelhardt/Simeth/Stark 1995), die ich seit 10 Jahren aufmerksam verfolge, besonders aufschlußreich zu sein. Seit den 70er Jahren schließen sich immer mehr Menschen in Selbsthilfeinitiativen zusammen, weil sie die soziale Versorgung als unbefriedigend und ungenügend empfinden. Die massenweise Entstehung von Selbsthilfeinitiativen - seit 1985 haben sie sich in München verdoppelt - kann man als Folgen von Individualisierung und sozialer Differenzierung verstehen. Abbildung 16 veranschaulicht wichtige Phasen in diesem Prozeß.

Selbsthilfeinitiativen in München

55

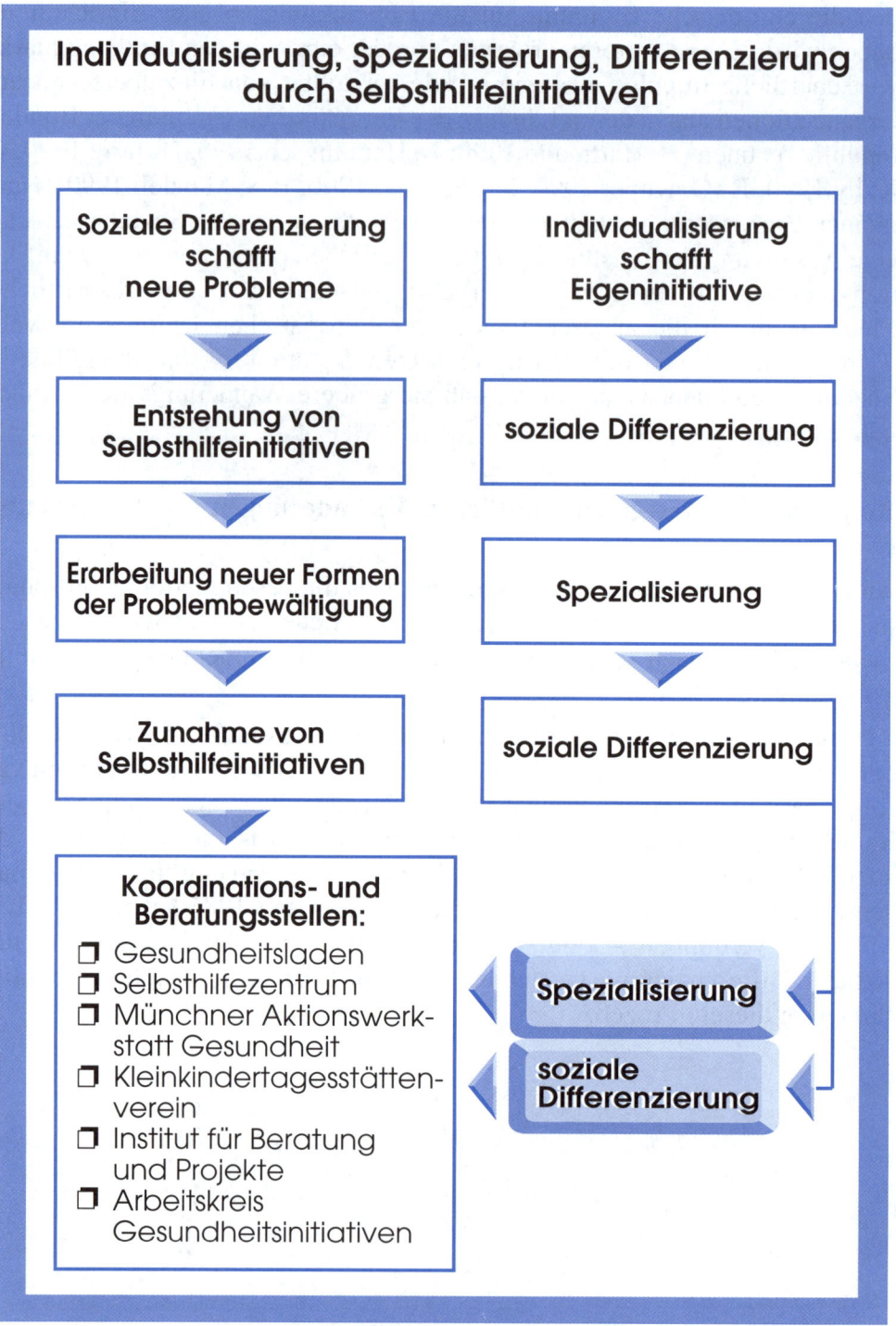

Abb. 16

Es ist charakteristisch für die Entwicklung der Selbsthilfeinitiativen in München, wie sehr Individualisierung, soziale Differenzierung und Spezialisierung Hand in Hand gehen, miteinander verflochten sind, so daß man diese Prozesse nur analytisch trennen kann.

Der Einfluß des gesellschaftlichen Wandels auf Organisationen

Betrachtet man einen Teilbereich der Selbsthilfeinitiativen,so kann man daran nachvollziehen, wie neue soziale Einrichtungen und neue Spezialisierungen entstehen. Am Beispiel der Frauenselbsthilfeinitiativen kann man dies besonders deutlich erkennen.

Entstehung von Spezialisierungen

Abbildung 17 zeigt die Phasen dieser Entwicklungsprozesse.

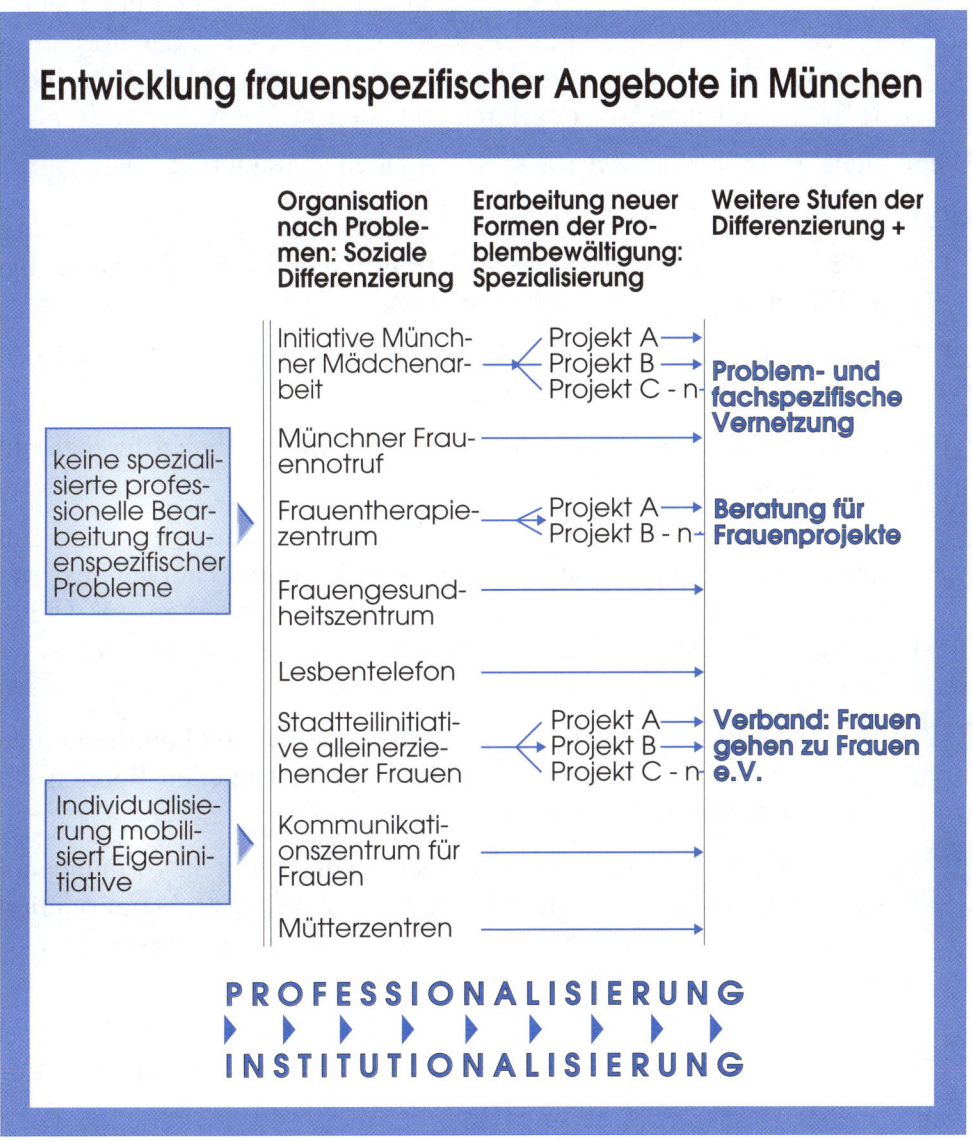

Abb. 17

57

Innerhalb eines Jahrzehnts haben sich Selbsthilfegruppen von Frauen zu professionellen Einrichtungen der sozialen Infrastruktur entwickelt; sie haben neue spezialisierte Tätigkeiten erarbeitet. Prozesse weiterer sozialer Differenzierung und Spezialisierung sind bereits erkennbar. Alle dargestellten Prozesse haben sich durch kontinuierliche Arbeit an problemangemessenen Strukturen vollzogen. Die meisten Gruppen haben als konsensorientierte informelle Gruppen begonnen und sind gegenwärtig juristische Personen mit hauptamtlich angestelltem Personal und einem meist geringen Grad der Formalisierung, ohne wichtige Merkmale der Selbstorganisation, z.B. die Mitwirkung der Betroffenen, aus dem Blick verloren zu haben.

Aktuelle Situation

Die aktuelle Situation kann man folgendermaßen charakterisieren:

❑ Der Problemdruck wächst.

❑ Ein Teil der MitarbeiterInnen fordert umfangreichere Entscheidungs- und Mitbestimmungsmöglichkeiten ein.

❑ Soziale Dienste arbeiten oft nicht spezialisiert genug, wie die Beispiele aus dem Selbsthilfebereich zeigen.

❑ Die soziale Differenzierung schreitet fort und mit ihr die Differenzierung der Probleme.

❑ Die Anforderungsprofile an soziale Arbeit verändern sich stetig und machen Veränderungen der sozialen Einrichtungen notwendig. Man kann dies an den Selbsthilfeinitiativen besonders klar erkennen, weil die Betroffenenprobleme bei ihnen tatsächlich im Mittelpunkt der Arbeit stehen.

❑ Es kommt zwar zu neuen Formen der Kooperation und koordinierenden Zusammenfassung, die aber jedenfalls im professionellen Bereich weit hinter dem Bedarf zurückbleiben.

❑ Die Betroffenen begnügen sich immer weniger mit bevormundender Behandlung, sondern erwarten lebensweltbezogene, problemorientierte professionelle Arbeit, die Mitwirkungs- und Mitgestaltungsmöglichkeiten der Betroffenen akzeptiert und fördert.

❑ Die realisierbaren Finanzmittel stagnieren oder sind rückläufig. Innerhalb des Sozialbereichs haben deshalb Umschichtungen von und Konkurrenz um Ressourcen eingesetzt.

Ressourcen aktivieren

In dieser Situation geht es darum, bisher zu wenig genutzte Ressourcen zu aktivieren, effizienter einzusetzen, um leistungsfähige soziale Einrichtungen zu entwickeln. Auch der Sozialbereich muß nun eine leistungsbezogene Modernisierung weit mehr als bisher angehen. Nach meiner Einschätzung gibt es im Sozialbereich erstaunlich viele zu wenig genutzte Ressourcen, die mit geeigneten Verfahren besser ausgeschöpft werden können. Abbildung 18 gibt einen Überblick über zu wenig genutzte Ressourcen und Verfahren zu ihrer Aktivierung.

58

Ressourcen und Verfahren zu ihrer Aktivierung

Aktivierbare Ressourcen	Verfahren zur Ressourcenschöpfung
Mitwirkung der Betroffenen	Förderung von Selbsthilfe & Selbstorganisation
Qualifikation der Mitarbeiter	Personalentwicklung
Minderung der Fluktuation	Verbesserung der Arbeitsbedingungen
Methodenentwicklung	Evaluationsverfahren
Umgang mit Methoden	Supervision
Nicht-fachliche Arbeitsanteile	Qualitätsmanagement
Problemangemessene Organisationsformen	Organisationsentwicklung
Management	Sozialmanagement
Kooperation in und zwischen Organisationen	Controlling

Abb. 18

Will man die brach liegenden Ressourcen entwickeln, so ist man durchgängig auf strukturelle Veränderungen verwiesen.

Zusammenfassung

Gesellschaftliche Veränderungen fordern die Organisationen heraus, sich intensiv auseinanderzusetzen mit:

Auseinandersetzen mit...

❑ der Angemessenheit der eigenen Zielsetzungen;

❑ der Verteilung der Entscheidungs- und Kontrollbefugnisse;

❑ der Qualität der Produkte bzw. Dienstleistungen;

❑ der Eignung der verwendeten Technologie;

❑ der Organisation der Arbeitsprozesse;

❑ der Qualifizierung und Pflege der MitarbeiterInnen;

❑ der Angemessenheit der Kommunikations- und Informationsformen;

❑ der Steuerung der internen Organisationsprozesse.

Druck von außen

Weil solche Prozesse der Organisations- und Personalentwicklung regelmäßig Ängste und Belastungen der MitarbeiterInnen hervorrufen, können sie mit Nachdruck vor allem dann vorangetrieben werden, wenn die Organisation starkem Druck von außen ausgesetzt wird.

In der gewerblichen Wirtschaft ist es vor allem der Wettbewerb, der Kampf ums Überleben, der die Kräfte mobilisieren kann. Im Sozialbereich sind es Kosten- und Problemdruck, die Prozesse des Qualitätsmanagements, der Personal- und Organisationsentwicklung in Gang setzen können.

Vorschau auf Kap. 4-6

In den folgenden Kapiteln stelle ich die drei Organisationsmodelle genauer vor und prüfe sie auf ihre Eignung. Ich gehe dabei jeweils nach dem folgenden Kriterienkatalog vor:

❏ geschichtliche Ausgangspunkte,

❏ zentrales Interesse: Leitfrage,

❏ Sozialstruktur,

- Lokalisierung der Entscheidungs- und Kontrollbefugnisse,

- normative Struktur,

- Verhaltensstruktur,

- Führung/Dienstanweisungen,

- Kommunikations- und Informationswege,

❏ Beteiligte,

❏ Ziele,

❏ Technologie,

❏ Umwelt,

❏ Effizienz,

❏ Stärken des Modells,

❏ Schwächen des Modells,

❏ Besondere Eignung des Modells.

Die Kriterien werden je nach inhaltlichen Ausgangspunkten der Organisationsmodelle in unterschiedlicher Reihenfolge bearbeitet.

4 Das rationale Organisationsmodell

Zur geschichtlichen Ausgangslage

Die vorindustrielle Epoche war hinsichtlich der Wirtschaftsbetriebe - mit wenigen Ausnahmen - durch Familienbetriebe geprägt. Die während der Industrialisierung aufkommenden Produktionsbetriebe wurden als ganz und gar neue Formen gemeinsamer menschlicher Tätigkeit gezielt geplant; sie stellen deshalb geradezu ein Gegenmodell zu den traditionellen Familienbetrieben dar. Eine Gegenüberstellung kann dies verdeutlichen:

Produktionsbetrieb als Gegenmodell

Vom traditionellen Familienbetrieb zum modernen Produktionsbetrieb		
Merkmale	Traditionelle Familienbetriebe	rational organisierte Betriebe
Eigenart der Gruppe	natürliche Familien- und Verwandtschaftsgruppen	rational geplante Organisationen
Mitgliedstatus	durch Geburt oder Kooptierung	durch Arbeitsvertrag
Größe	selten über 15 Mitglieder	meistens über 15 Beteiligte
Kooperationsbasis	diffuse persönliche Verbundenheit, Abhängigkeit, Solidarität	produktionsbestimmte Spezialisierung und Arbeitsteilung
Ziele	diffuse Zielvielfalt	spezifische Ziele

Abb. 19

Werden die traditionellen Familienbetriebe durch die persönlichen Verpflichtungsformen zur Sicherung des Fortbestandes der Familie geprägt, so drückt die alles bestimmende Rationalität den industriellen Betrieben ihren Stempel auf.

Das zentrale Interesse

Das zentrale Interesse

Das zentrale Interesse jener PraktikerInnen und TheoretikerInnen, die die rationale Gestaltung der Organisation für ausschlaggebend halten, kann in einer Leitfrage formuliert werden:

⇨ Wie können Arbeitsteilung und Arbeitsanweisungen, Entscheidungs- und Kontrollbefugnisse, Ressourcenbeschaffung und Informationsverteilung rational so gestaltet werden, daß die Ziele optimal erreicht werden?

Mittel-Ziel-Orientierung

Ergebnis aller dieser auf die Leitfrage hin orientierten Bemühungen ist ein differenziertes System von Regeln, das in konsequenter Mittel-Ziel-Orientierung auf den Aufbau der Organisation und den Arbeitsablauf in ihr bezogen ist. Einer derartigen Vorgehensweise liegt die Erwartung oder besser der Glaube zugrunde, daß eine rationale Struktur auch rationales Verhalten und damit Effizienz hervorbringt.

Die Sozialstruktur

Sozialstruktur als zentrales Element

Die Sozialstruktur erweist sich stets als zentrales Element in und von Organisationen und soll deshalb anhand weiterer Kriterien genauer charakterisiert werden:

❑ Lokalisierung der Entscheidungs- und Kontrollbefugnisse,

❑ Führung,

❑ Normative Struktur,

❑ Verhaltensstruktur,

❑ Kommunikations- und Informationsformen.

Lokalisierung der Entscheidungs- und Kontrollbefugnisse

Lokalisierung der Entscheidungs- und Kontrollbefugnisse

Organisationen, die dem ROM entsprechen oder nahe kommen, verfügen regelmäßig über eine konsequent hierarchische Struktur, in der die Entscheidungs- und Kontrollbefugnisse soweit als möglich bei der Organisationsspitze angeordnet sind. Delegation auf nachgeordnete Organisationsebenen wird vorgenommen, soweit sie für notwendig gehalten wird. Dabei sind die Legitimationsgrundlagen von Bedeutung, die in den unterscheidbaren Organisationsformen naturgemäß entsprechend den Zielen variieren (vgl.Kapitel 2).

In rational konzipierten Organisationen können Weisungsrechte je nach Bereich mit dem Herrschaftsanspruch des Staates, dem Eigentum an Produktionsmitteln, dem kirchlichen Lehramt, mit funktionaler Autorität d.h. fachlicher Qualifikation usw. begründet werden. Strukturelle Konflikte sind zu erwarten, wenn in einer Organisation mehrere Legitimationsformen Geltung beanspruchen, z.B: technische und wirtschaftliche Rationalität in Produktionsbetrieben oder Verwaltungshandeln, Fachhandeln und religiöse Glaubensvorstellungen bei konfessionellen Trägern der Wohlfahrtspflege. Für unseren Argumentationszusammenhang ist hervorzuheben, daß die Zuordnung von Entscheidungs- und Kontrollbefugnissen auf Legitimation und

62

Legitimität aufbaut, deren geschichtlich gewachsene Grundlagen Veränderung langwierig und mühsam gestalten. Dies gilt in gleicher Weise für die eingelebten obrigkeitsstaatlichen und die konfessionellen Legitimationsmuster.

Mit der Konzentration der Entscheidungs- und Kontrollbefugnisse an der Organisationsspitze sind wichtige Implikationen verbunden, auf die hier ausdrücklich hingewiesen werden soll:

Wichtige Implikationen

❏ Damit wird wie selbstverständlich die fachliche Überlegenheit der Leitungspersonen unterstellt.

❏ Das Gesetz des Handelns liegt primär in der Führungsetage, von der alle wichtigen Steuerungsprozesse ausgehen.

❏ Dadurch wird der Mehrheit der MitarbeiterInnen eine überwiegend ausführende Funktion in der Organisation zugewiesen. Organisations- und aufgabenbezogene Initiativen werden von ihnen gerade nicht erwartet und gewünscht.

❏ Erfolge bzw. Mißerfolge sind deshalb hochgradig von der Qualifikation der Leitungspersonen abhängig: Die Organisation steht und fällt mit ihr.

❏ Der Herrschaftsaspekt rückt in derartigen Organisationen in den Vordergrund und kann fatale Konsequenzen nach sich ziehen, wenn er sich, losgelöst von inhaltlicher Bindung, verselbständigt. Solche Eigendynamik von Herrschaft läßt immer noch und immer wieder Organisationen, vor allem der gewerblichen Wirtschaft, zusammenbrechen.

Führung

Diesem Strukturprinzip entspricht ein Führungskonzept, das die Leitungspersonen in den Mittelpunkt rückt. Führung bedeutet - abgesehen von den dispositiven Aufgaben -wesentlich, sachgerecht Weisungen an Untergebene zu erteilen, Entscheidungen zu treffen und beides zu kontrollieren. Dabei wird, wie bereits erwähnt, das überlegene Wissen der Vorgesetzten unterstellt. Die übergeordnete Position setzt den Entscheidungsberechtigten jedoch auch unter den Erwartungsdruck der Untergebenen, Weisungen zu erteilen und zu entscheiden. Die Rollenvorgabe ist zugleich Bewertungsmaßstab und läßt geringe Entscheidungsfreudigkeit und unausgereifte Entscheidungen als Schwächen erscheinen. Je größer eine Organisation ist, desto mehr Personen und Organisationsebenen werden an der Führung beteiligt. Im einzelnen umfaßt Führung je nach Organisationsebene folgende Tätigkeiten:

Führung

...umfaßt folgende Tätigkeiten

❏ Arbeitsmittel beschaffen;

❏ Personal beschaffen;

❏ planen;

❏ Ressourcen beschaffen;

❏ Organisation nach außen vertreten;

❏ Kooperation mit PartnerInnen von außen organisieren;

❑ Bilanzen und Rechnungswesen überwachen

❑ Organisationsziele bestimmen;

❑ Teilziele und Arbeitsaufgaben für MitarbeiterInnen bestimmen und kontrollieren;

❑ Arbeitsabläufe regeln,

❑ Probleme lösen;

❑ Konflikte schlichten, entscheiden;

Die normative Struktur

...das zentrale Instrument

Sie ist in Verbindung mit einem Kontrollsystem *das* zentrale Instrument, mit dem leitende MitarbeiterInnen die Organisation steuern; sie stellt ein differenziertes System von Regeln dar, das immer wieder neu auf die Erreichung der Ziele hin verfeinert d.h. optimiert wird, weil dieser Prozeß nie abgeschlossen ist. Geregelt werden:

Regelungen für...

❑ Zuständigkeiten und darauf bezogene Dienstanweisungen,

❑ der Umfang der damit verbundenen Entscheidungs- und Kontrollbefugnisse,

❑ Arbeitsabläufe und damit verbundene Kooperationsbeziehungen,

❑ Zuständigkeiten und Verfahren bei besonderen Problemen und Anlässen, z.B. Produktionsunterbrechungen, Unfällen u.a.,

❑ die Verwendung von Betriebsmitteln, z.B. Telefon, Fahrdienste, Serviceeinrichtungen u.a.,

❑ Zugang zu Personalakten, wichtigen Dokumenten, Planungsunterlagen, EDV - Anlage u.a.,

❑ Personalverhältnisse wie z.B. Dienstpläne, Urlaubsplanung, Arbeitszeitregelungen,

❑ u.a.

Dienstanweisung

Ein besonderes Element der normativen Struktur ist die Dienstanweisung. Häufig füllt sie als Loseblattsammlung dicke Aktenordner. Sie beschreibt in Organisationen nach dem Muster von ROM sehr genau

❑ den Zuständigkeitsbereich,

❑ die Arbeitsaufgabe,

❑ die vorgeschriebenen und die ausdrücklich verbotenen Verhaltensweisen.

Für solche Dienstanweisungen ist es typisch, daß sie den einzelnen ausführenden MitarbeiterInnen möglichst wenig Entscheidungsspielraum lassen, um andere als die vorgesehenen, geplanten Formen der Arbeitsleistung möglichst auszuschließen, Mißbrauch, diverse Eigenmächtigkeiten und Willkür zu minimieren, wenn man sie schon nicht verhindern kann. Ein derartig differenziertes Regelsystem ist zwangsläufig sehr umfassend und mit einem

64

erheblichen Aufwand an Kontrolle verbunden. Bei konsequenter Anwendung kann ein solches System im Extrem sehr viel Zeit verbrauchen und zügige, "normale" Arbeit unmöglich machen. Beispiele: Dienst nach Vorschrift beim Zoll, bei den Fluglotsen. Die Kehrseite solcher differenzierter Regelbindung sind Starrheit und geringe Flexibilität in der Organisation.

Solche Dienstanweisungen sichern auch die Vorgesetzten vor Verantwortung und belasten die entsprechenden MitarbeiterInnen mit den Risiken ihrer Arbeit, sofern sie Vorschriften übersehen oder mißachten; sie sind in öffentlichen Behörden das tägliche Brot der MitarbeiterInnen bzw. das Ärgernis der betroffenen Bürger. Aus den oben genannten Gründen sind sie allerdings auch in vielen Betrieben der gewerblichen Wirtschaft verbreitet, werden dort allerdings immer wieder entschlackt; sie sollen letztlich gewährleisten, daß die MitarbeiterInnen genau das tun, was ihre Vorgesetzen wollen, daß unten ankommt, was oben gewollt wird. Da Nichtbefolgen der Dienstvorschriften Sanktionen nach sich ziehen kann, produzieren solche Dienstvorschriften jene Art von SachbearbeiterInnen, die keinerlei Risiko eingehen und durch ihren sturen Formalismus betroffene Bürger zur Weißglut bringen, ohne die zugrundeliegenden Probleme angemessen zu bearbeiten. *...Verantwortung*

Einer derartigen normativen Struktur liegt ein Menschenbild zugrunde, das von Mißtrauen, negativen Zuschreibungen und Befürchtungen geprägt ist. Mißtrauen erzeugt Distanz, Abwehr und Bemühungen, sich der Gängelung durch Vorschriften und entsprechende Kontrollen auf vielgestaltigen, phantasievollen Wegen zu entziehen...Die Vorgesetzten reagieren mit einer weiteren Verfeinerung der Vorschriften und Kontrollen...eine fragwürdige Eigendynamik kann sich entwickeln. Die dienende Funktion von Regeln und Ordnung, nämlich die Erreichung von Zielen zu ermöglichen, tritt zugunsten von Ordnung um der Ordnung willen zurück. Es kommt zu unproduktiven Eigendynamiken und Zielverschiebungen. *...Menschenbild*

Die Verhaltensstruktur

Verhaltensstruktur

Sie findet im ROM keine besondere Beachtung, weil sie als abhängige Variable der normativen Struktur, nicht als eigenständiger Faktor betrachtet wird. Wo sich dennoch selbständiges Verhalten neben der normativen Struktur entwickelt, wird es häufig unterdrückt oder sanktioniert. Insofern werden Verhaltensweisen der MitarbeiterInnen primär unter dem Gesichtspunkt gesehen, ob sie mit den vorgegebenen Regeln übereinstimmen. Nonkonformität wird als abweichendes Verhalten eingestuft und aufgrund der besonders hoch geschätzten Bedeutung der Regeln für die Zielerreichung immer wieder sanktioniert. Die der Normabweichung eigene Flexibilität bei der Lösung von Problemen und für die Erzielung neuer Problemlösungsmuster wird kaum erkannt (vgl.Kapitel 2). Dies ist eine Ursache für die bekannte Starrheit und mangelnde Flexibilität von rational konzipierten Organisationen.

Kommunikations- und Informationsweisen

Kommunikations- und Informationswege

Die Konzentration von Entscheidungs- und Kontrollbefugnissen bei der Organisationsspitze bringt auch Konsequenzen für die Kommunikations- und Informationsweisen mit sich.

❑ Die Informationswege sind vertikal institutionalisiert, kaum horizontal.

❑ Sie sind überaus lang und erstrecken sich über bis zu acht Organisationsebenen.

❑ Dieser lange Informationsweg dauert lange und kostet Arbeitszeit,

❑ ist anfällig für unbeabsichtigte und/oder gezielte Verfälschungen der transportierten Inhalte.

❑ Die Einweg-Information von oben nach unten herrscht aus den bereits genannten strukturellen Gründen vor, so daß wünschenswertes Feedback die ursprünglichen InformationsgeberInnen selten erreicht und ihre Entfremdung von den realen Verhältnissen begünstigt.

MitarbeiterInnen erhalten auf dem Dienstweg fast ausschließlich jene Informationen, die sie für ihren Zuständigkeitsbereich benötigen. Deshalb gewinnen sie nur im Falle ausgeprägter eigener Bemühungen ein umfassendes Bild "ihres" Betriebs, "ihrer" Organisation.

❑ Diese Kommunikationsstruktur enthält mehrere Optionen,

  – sie entlastet MitarbeiterInnen von Fragen und Problemen außerhalb ihres Arbeitsbereichs,

  – sie enthält den MitarbeiterInnen Mitgestaltungs- und Mitwirkungsmöglichkeiten in ihrer Organisation vor,

  – sie erschwert Bündnisse auf der horizontalen Ebene und

  – die Identifikation mit der Organisation und die Motivation, für die Organisation zu arbeiten,

  – sie begünstigt Abteilungsegoismus und mangelndes Verständnis für den Gesamtzusammenhang der Organisation und die notwendige Kooperation.

Die Beteiligten

Beachtenswerte Aspekte

Nach der beschriebenen Struktur werden der überwiegenden Mehrheit der MitarbeiterInnen im wesentlichen ausführende Tätigkeiten nach Weisung ihrer Vorgesetzten zugewiesen.

Diese Ausgangslage beinhaltet mehrere beachtenswerte Aspekte:

Aufgabenbezogene Qualifikationen

❑ Die Beteiligten sind aus der Sicht der Leitungsebene nur hinsichtlich ihrer aufgabenbezogenen Qualifikationen von Bedeutung. Nur diese Ausschnitte aus der Person der MitarbeiterInnen werden benötigt und gewünscht. Ihre weiteren Fähigkeiten, Interessen, Neigungen bleiben bewußt unberücksichtigt.

66

❏ Positiv ist hervorzuheben, daß die private Persönlichkeitssphäre vor dem Zugriff der Organisation verschont bleibt, d.h. Freiheitsräume sichert, z.B. für politische, weltanschauliche u.a. Interessen.

❏ Problematisch erscheint dagegen, daß MitarbeiterInnen durch die Arbeit in der Organisation nur beschränkt ihre Persönlichkeit entfalten können,

– weil ihre Entscheidungsspielräume am Arbeitsplatz minimal sind,

– weil Mitgestaltungsmöglichkeiten in der Organisation über den eigenen Arbeitsbereich hinaus - mit Ausnahme von Betriebsratsarbeit - versperrt bleiben.

❏ Damit bleiben alle Formen der Partizipation an der Gestaltung des Arbeitsplatzes und der Arbeitsverhältnisse ausgeschlossen. Insofern ist die Reduzierung auf aufgabenbezogene Qualifikationen als bewußte Ausgrenzung von Entscheidungsbefugnissen zu verstehen.

Ausgrenzung von Entscheidungsbefugnissen

❏ Sofern MitarbeiterInnen bewußt ihre Persönlichkeit nach Neigungen und Interessen entwickeln wollen, sind sie weitgehend auf die Lebensführung außerhalb von Arbeit und Organisation verwiesen.

❏ Die Bindung an Weisungen der Vorgesetzten und differenzierte Dienstvorschriften bewirkt bei den MitarbeiterInnen eine abwartende, reaktive Grundhaltung, bremst Eigeninitiative, konstruktives und innovatives Mitdenken im Arbeitsbereich und läßt sie mangels entsprechender Erwartungshaltungen der Vorgesetzten verkümmern.

Reaktive Grundhaltung

Die Technologie

Sie dient zur Realisierung der autonom gesetzten Ziele. Gestaltbarkeit, Berechenbarkeit, Produktivitätsfortschritte und Verminderung der Abhängigkeit vom Personal bei weiterem Technologiefortschritt haben ihr intensive Förderung und Aufmerksamkeit in der gewerblichen Wirtschaft eingebracht. Dies mag auch für bestimmte Formen vor allem gewinnorientierter Dienstleistungen gelten. Leider gilt dies nicht in gleichem Maße für öffentliche Dienstleistungen. Viele soziale Einrichtungen verfügen auch dann nicht über eine EDV - Ausstattung, wenn diese für den Arbeitsbereich nützlich wäre, was im Sozialbereich nicht überall der Fall ist. Vor kurzem ist in einer Münchner Behörde die Einstellung einer qualifizierten Sekretärin daran gescheitert, daß nur ein älteres Schreibgerät vorhanden war, mit dem die Bewerberin nicht bereit war zu arbeiten. Die Beschaffung eines neuen Geräts war nicht realisierbar.

Realisierung der Ziele

Die Ziele

Die Zielfindung der Organisation wird im ROM ursprünglich als eher unproblematisch eingeschätzt, weil sie aufgrund von Tradition und Gewohnheit geklärt erscheint nach dem Motto: Das haben wir immer schon so gemacht. Diese Haltung hat zahlreiche gewerbliche Betriebe in Krisen und nicht wenige in den Ruin getrieben. So ist z.B. die Volkswagen AG um 1969 in eine existenzbedrohende Krise geraten, weil man nicht rechtzeitig für ein

Zielfindung

Nachfolgeprodukt für den Käfer gesorgt hatte. Solche Krisen haben ja dann auch zu Modifikationen des ROM geführt (vgl. Kapitel 7). Ein provozierend großer Teil der öffentlichen und privaten sozialen Einrichtungen schreibt auch heute noch die Ziele von gestern einfach fort, ohne sich um Wünsche von KundInnen und NutzerInnen zu kümmern. Die minimale NutzerInnenkontrolle ermöglicht ein Angebotsdiktat der AnbieterInnen. Immer mehr Betroffene distanzieren sich von solchen Angeboten, indem sie sich ihnen entziehen oder in Selbstorganisation problemangemessene Ziele und Arbeitsformen entwickeln, wie die anwachsende Selbsthilfebewegung zeigt.

Die Umweltbezüge

Umwelt

Selbstverständlich weiß man in den Führungsetagen, daß Organisationen "Umwelt" haben. Soweit diese Umwelt jedoch selbstverständlich und stabil erscheint und eingeschätzt wird, wird kein Anlaß gesehen, die Beziehungen zu relevanten Umweltausschnitten systematisch zu thematisieren und zu problematisieren. Über Selbstverständliches muß man nicht gesondert nachdenken. Während es in der gewerblichen Wirtschaft selbstverständlich wird, Produktionsziele auf der Grundlage von Marktforschung und KundInnenbefragungen zu bestimmen, fällt es vielen Krankenhäusern, sozialen und Bildungseinrichtungen überaus schwer, die Wünsche und Vorstellungen ihrer NutzerInnen in ihre Zieldefinitionen miteinzubeziehen. Ich erinnere an das früher genannte Beispiel, daß die starke Nachfrage verschiedener Zielgruppen nach Wohngemeinschaften keine angemessene Berücksichtigung bei der Weiterentwicklung bestehender und Planung neuer Einrichtungen findet. Soweit Organisationen eine monopolartige Stellung innehaben, können sie ohne nennenswerte Rücksicht auf NutzerInnen Ziele bestimmen.

Die Effizienz im ROM

Rationalität der Planung

Die Effizienz der Organisation beruht nach der Überzeugung von PraktikerInnen und TheoretikerInnen des ROM auf der Rationalität der Planung, des Regelsystems und der entsprechenden Arbeitsabläufe. Einige wichtige Faktorengruppen sind aus der folgenden Abbildung zu entnehmen.

68

Effizienz im rationalen Organisationsmodell

NORMATIVE STRUKTUR

Effizienz der Organisation

Zielklarheit · Planung · Aufbauorganisation · Ablauforganisation · Kompetenzvert. · Konformität · Kontrolle · Management · Entscheidungsquali. · Regelsystem · Berechenbarkeit des Verhaltens · usw.

Abb. 20

Diese Überzeugung hat über Jahrzehnte hinweg eine Eigendynamik von immer wieder neuen Rationalisierungsprozessen in Gang gesetzt, die in ihren besonders ausgeprägten Formen jedoch kontraproduktiv wirkten, weil damit wesentliche Aspekte des Menschseins ausgeklammert wurden. Durch und durch rationalisierte Produktionsprozesse führen offensichtlich zu kaum ertragbaren psychischen Belastungen, die in Demotivation, fehlerhafte Arbeit, Fluktuation u.a. einmünden. So hat z.B. die hochgradig rationalisierte Produktionsweise bei Volvo bereits in den 70er Jahren zu einer Fluktuations-rate von ca. 100% im Jahr geführt und nicht mehr tragbare Kosten verur-sacht. Man entwickelte deshalb ein Konzept für die Produktion in Gruppen-arbeit und baute dafür eine neue Fabrik. Man konnte damit die psychischen Belastungen vermeiden und eine gewisse Identifikation der MitarbeiterInnen mit ihren Arbeitsaufgaben, also Arbeitszufriedenheit wieder erreichen. Die höchsten Stufen der Rationalisierung werden offensichtlich erst dann erreicht, wenn die nicht-rationalen Elemente menschlichen Strebens und

Eigendynamik

69

Verhaltens, nämlich persönliche Interessen und Gefühle sowie zwischenmenschliche Beziehungen in der Organisation die ihnen gebührende Berücksichtigung erfahren und damit Arbeitshemmnisse beseitigt werden. Diese Einsicht wird, wie wir später sehen werden, im NOM und im OOM beherzigt und umgesetzt.

⇨ Rationalität in diesem Sinne meint, über die konsequente Mittel-Ziel-Orientierung hinaus die grundlegenden Wesenszüge des Menschseins in der Organisation zu berücksichtigen, d.h. Wohlbefinden zu ermöglichen.

Die Stärken des ROM

Die Stärken des ROM

Die Stärken des ROM ergeben sich zweifellos aus der rationalen Zugangsweise zu Organisationen:

❑ An erster Stelle sind die klaren Strukturen zu nennen, die Orientierung bieten und erleichtern.

❑ Ferner ist auf die Regelhaftigkeit und Berechenbarkeit des Verhaltens hinzuweisen, soweit sie durch präzise Dienst- und Arbeitsvorschriften, d.h. die normative Struktur bedingt sind.

❑ Die Stärken des ROM können bei Zielsetzungen von Organisationen zum Zuge kommen, die durch standardisierbare Verfahrensweisen ohne Zielverschiebung und Qualitätsminderung des Arbeitsergebnisses erreicht werden können.

❑ Aus heutiger Sicht kann man der bloß arbeits- und aufgabenbezogenen Beanspruchung der MitarbeiterInnen durch die Organisation auch positive Züge abgewinnen, weil sie bestimmte Freiheits- und Handlungsspielräume schützt.

Die Schwächen des ROM

Schwächen

Diesen Stärken des ROM steht jedoch eine lange Liste von Schwächen gegenüber, die zunächst grundsätzlich und dann in Einzelpunkten erörtert werden sollen.

Beurteilt man rational konzipierte Organisationsformen anhand der ausformulierten Pläne und Regeln, so fasziniert die Klarheit, Überschaubarkeit, Berechenbarkeit. Erfahrungen zeigen jedoch, daß diese Klarheit der geplanten Vorgaben sich in der alltäglichen Arbeitspraxis nur teilweise wiederfinden läßt. Warum? Zwei Problemstränge sollen erörtert werden: die brüchige Vorstellung von der Rationalität des Verhaltens und die mit Rationalitätsvorgaben verknüpften Tücken.

Brüchige Rationalität

Brüchige Rationalität des Verhaltens

Offensichtlich trifft die Annahme bzw. Überzeugung, rationale Strukturen würden rationales Verhalten hervorbringen, nur teilweise zu. Tatsächlich ist menschliches Verhalten wesentlich von Gefühlen und Neigungen bestimmt, die rational nicht faßbar sind. Menschen verfahren mehr oder weniger rational, um ihren Gefühlen und Neigungen Entfaltungsspielräume zu schaffen,

70

um sie zu realisieren. Rationale Strukturen können sich zur Realisierung klarer Zielvorgaben eignen, zentrale menschliche Bedürfnisse aber kaum befriedigen,

❏ z.B. das Bedürfnis nach menschlicher Zuwendung und Nähe,

❏ nach Ausdruck persönlicher Befindlichkeiten und Gefühle,

❏ nach zwischenmenschlicher Kommunikation.

Auch die Arbeit selbst, vor allem die Zusammenarbeit mit anderen, wird wesentlich durch nicht-rationale Elemente mitbestimmt, nämlich durch die Beziehungsqualität unter den Beteiligten. MitarbeiterInnen wollen und können solche Bedürfnisse nicht vollständig aus den Arbeitsprozessen, die bei Vollzeittätigkeit immerhin die Hälfte der wach verlebten Zeit beanspruchen, ausschließen; sie suchen deshalb Möglichkeiten, diese Bedürfnisse während der Arbeitszeit trotz und auch gegen strukturelle Vorgaben zu befriedigen. Daraus ergeben sich zahlreiche durchaus stabile informelle Verhaltensmuster, die aus den Mängeln der normativen Struktur allein nicht zu verstehen sind, sondern ein grundsätzliches Korrektiv darstellen.

Nicht-rationale Elemente

Eigenart der Rationalität

Die zweite Einschränkung rationalen Verhaltens erwächst aus der Eigenart der Rationalität selbst. Rationalität besteht nicht für sich selbst, sondern ermöglicht im Rahmen einer Zielvorgabe, bestmögliche Wege zur Zielerreichung ausfindig zu machen. In aktuellen Lebenszusammenhängen und erst recht in Organisationen kommt es jedoch häufig vor, daß nicht nur ein Ziel, sondern mehrere Ziele gleichzeitig oder nacheinander angestrebt werden. Man kann auch sagen, ein Ziel wird unter Beachtung von bestimmten Nebenzielen, sogenannten Rahmenbedingungen verfolgt. Ein Beispiel soll verdeutlichen, was gemeint ist.

Eigenart der Rationalität

Beispiel Rahmenbedingungen

Rahmenbedingungen für die Herstellung eines Produkts oder die Erbringung einer Dienstleistung können sein:

❏ kurze Lieferfristen, bzw. Wartezeiten,

❏ Lieferung nach Auftragseingang bzw. Erbringung der Dienstleistung in der Reihenfolge der Anmeldung,

❏ kostengünstige Herstellung des Produkts bzw. Erbringung der Dienstleistung,

❏ sichere Herstellung des Produkts bzw. Erbringung der Dienstleistung

❏ möglichst geringer Materialaufwand,

❏ möglichst geringer Personaleinsatz,

❏ hochwertige Qualität des Produkts bzw. der Dienstleistung,

❏ Transparenz und Kontrollierbarkeit des Produktionsprozesses bzw. der Erbringung der Dienstleistung in jedem Stadium,

❏ möglichst günstiger Ertrag bzw. möglichst günstiges Verhältnis aller Aufwendungen zum Ergebnis, u.a.

Bestimmte Voraussetzungen

Jede der genannten Rahmenbedingungen ist ihrerseits an bestimmte Voraussetzungen geknüpft, die untereinander oft nicht vereinbar sind. Rationalität bedeutet die Optimierung eines Produkts oder einer Dienstleistung bei angebbaren Rahmenbedingungen. Solche Optimierungen bleiben stets verbesserungsfähig und -bedürftig. Unterschiedliche Sets von Rahmenbedingungen bei demselben Produkt, derselben Dienstleistung führen zu verschiedenen Formen der Optimierung.

Konkretisieren wir unser Beispiel: Will man dem Eilauftrag eines Stammkunden auf möglichst rasche Lieferung eines Baugerüsts im Werte von DM 60.000 nachkommen, so bedeutet dies mit hoher Wahrscheinlichkeit die Hintanstellung sonst praktizierter Rahmenbedingungen:

❏ man begnügt sich mit einem telefonischen statt einem schriftlichen Auftrag,

❏ man läßt die Regel außen vor, in der Reihenfolge des Auftragseingangs zu produzieren und zu liefern,

❏ man verzichtet auf innerbetrieblich übliche Verfahren beim Materialabruf aus dem Lager,

❏ man hält sich zwecks Einzelanfertigung nicht an die Regeln kostengünstiger Serienproduktion,

❏ man hält sich nicht an die üblichen Arbeitszeiten, sondern fährt eine zusätzliche Schicht (mit erhöhten Löhnen).

❏ u.a.

Abweichende Optimierung

Fazit: Die kurzfristige Produktion/Lieferung des im Eilauftrag bestellten Baugerüsts erfordert eine von den üblichen Produktionsregeln abweichende Optimierung. Die Bedingungen für rasche Lieferung kann man in zwei Punkten zusammenfassen:

❏ Es entstehen höhere Kosten durch Einzel- statt Serienfertigung, zusätzliche Maschinenumstellung, Sonderschicht, Expreßzustellung u.a.

❏ Man verzichtet auf persönliche Sicherheiten und Kontrollierbarkeit durch formalisierte Verfahren, die durch Vertrauensbeziehungen ersetzt werden: Bestellung telefonisch, innerbetriebliche Abwicklung durch direkte informelle Beziehungen.

Differenzierte Regelsysteme sind unflexibel

Worauf es hier ankommt: Je nachdem, welche Rahmenbedingungen von MitarbeiterInnen ihrer täglichen Arbeit zugrundegelegt werden, können recht unterschiedliche Verhaltensweisen rational sein, um vorgegebene Ziele zu erreichen. Im dargestellten Beispiel hätte der Betrieb bei konsequenter Einhaltung der bestehenden Regeln den Auftrag wahrscheinlich nicht erhalten, sich möglichen Gewinn entgehen lassen und eventuell einen Stammkunden verloren. Was also ist Rationalität? Optimierung von Gewinnerwartungen gerade durch oder trotz Regelverletzungen? Oder Regeleinhaltung bei entgangener Gewinnerwartung? Es wird deutlich: Differenzierte Regelsysteme sind auf bestimmte Rahmenbedingungen hin optimiert und deshalb zu unflexibel, um vielgestaltigen und wechselnden Ansprüchen gerecht zu werden.

72

Zu den Schwächen des rationalen Organisationsmodells im einzelnen:

❏ Die Bündelung von Entscheidungs- und Kontrollbefugnissen an der Organisationsspitze ist durch den gesellschaftlichen Wandel überholt: Sie führt in Verbindung mit der nur aufgabenbezogenen Einbeziehung der MitarbeiterInnen häufig zu Desinteresse an der Organisation und Folgeerscheinungen wie Fehlzeiten, hohe Fluktuation, geringe Arbeitsmotivation, mäßige Produktqualität, innere Kündigung, geringe Identifikation mit der Organisation, destruktives Verhalten, Arbeitsminimierung, Umgehung von Kontrolle, Diebstahl usw.

❏ Die unterstellte fachliche Überlegenheit der Entscheidungsbefugten ist sachlich oft nicht mehr gegeben, da die Differenzierung und Spezialisierung des Wissens zu einer breiten Verteilung des produktionsrelevanten Wissens geführt hat (vgl.Kap.3: Spezialisierung).

❏ Darüber hinaus zeigt die grundsätzliche Erörterung, wie unflexibel rational konzipierte Organisationen sind, weil sie sachbezogene Problembewältigungen kompetenter MitarbeiterInnen durch Regelsetzungen behindern.

❏ Die Informationswege weisen mehrere Mängel auf:

– sie sind recht lang und benötigen viel Zeit um die AdressatInnen zu erreichen,

– sie fressen Arbeitszeit der beteiligten Linienorganisation,

– sie sind anfällig für Verfälschungen,

– sie sind einseitig auf vertikale Kommunikation ausgerichtet, um Herrschaft zu sichern.

❏ Das Menschenbild ist von Mißtrauen geprägt, bestimmt die Struktur und beeinflußt die Einstellungen der Beteiligten.

❏ Weder die Ziele noch die Umweltbezüge werden systematisch reflektiert. Dadurch werden die sich ändernden Vorstellungen und Ansprüche relevanter Umweltsysteme zu wenig in die eigenen Zielbestimmungen einbezogen. Zu geringe oder zu wenig qualifizierte Umweltorientierung führt bei zahlreichen gewerblichen Unternehmen zum Konkurs. Öffentliche Verwaltungen und Dienstleistungsträger können es sich offensichtlich eher leisten, Umweltansprüche zu ignorieren z.B. Behörden, Schulen, Hochschulen.

❏ Insgesamt zeichnet sich ab, daß sich die Legitimitätsgrundlagen von Organisationen verschieben. Die Zielerreichung rückt stärker ins Blickfeld und damit die Kompetenzen der MitarbeiterInnen. Berufliche Qualifikation im Sinne funktionaler Autorität wird zunehmend Legitimationsgrundlage für Entscheidungen und relativiert Entscheidungsbefugnisse der Linienorganisation, die aus dem Eigentumsrecht abgeleitet sind.

Schwächen des rationalen Organisationsmodells

Keine fachliche Überlegenheit des Entscheidens

Geringere Flexibilität

Problemhafte Informationswege

Mißtrauisches Menschenbild

Kein Umweltbezug

73

Zur besonderen Eignung von ROM

Auch gegenwärtig können Organisationen nach dem Muster von ROM unter bestimmten Voraussetzungen durchaus funktionsfähig, und soweit relevant, auch wettbewerbsfähig sein und bleiben. In manchen Bereichen sind sie prinzipiell die am besten geeignete Organisationsform. Zunächst sollen einige grundsätzliche Argumente vorgetragen werden, die den weiteren Bedarf an Organisationen nach dem Muster von ROM verdeutlichen. Danach gehe ich auf die Eignung von ROM im Detail ein.

Für Organisationsstrukturen nach dem Muster von ROM sprechen folgende Argumente:

Ziele mit standardisierbaren Verfahrensweisen

❏ Das ROM eignet sich für alle Zielsetzungen, die - ohne Qualitätsminderung oder Perversion des Ziels - in einen geschlossenen Verfahrensablauf gebracht, d.h. standardisiert werden können, sofern es sich um einfache Technologie handelt, die von Einzelpersonen voll kontrollierbar ist.

...für legitime Herrschaft

❏ Es gibt Ziele und Arbeitsinhalte, für die sich nach vorliegenden Erfahrungen Organisationsformen nach dem Muster von ROM bewährt haben. Dies gilt in besonderem Maße, wenn Ziele eindeutig vorgegeben werden *müssen*, die Organisationsmitglieder *VollzugshelferInnen* sind, und ihre Mitwirkung an der Ziel- und Entscheidungsfindung ausdrücklich ausgeschlossen oder minimiert werden soll und muß. Als Beispiele sind hier öffentliche Verwaltungen zu nennen, die Ziele und Normen der Gesetzgeber vollziehen, wo die möglichst norm- und zielkonforme praktische Umsetzung gesichert werden muß. Daß in solchen auf gesellschaftliche Ordnung und Gleichbehandlung bezogenen Zusammenhängen Willkür, Mißbrauch und Eigenwilligkeiten von MitarbeiterInnen in Schranken gehalten werden sollen, halte ich für plausibel. Insofern ist an Max Webers Auffassung, bürokratische Organisation sei die beste Form der Herrschaftsdurchsetzung kaum zu rütteln. Überall dort, wo die Durchsetzung gesellschaftlicher Ordnung, d.h.legitimer Herrschaft Organisationsziel ist, bleiben Organisationsformen nach dem Muster von ROM, auch auf einzelne Abteilungen beschränkt, unverzichtbar. Elemente dieser Organisationsform können auch in Organisationen mit anderer Zielsetzung zweckmäßig sein, sofern soziale Ordnung zu sichern ist. Darüber hinaus können auch gewinnorientierte Organisationen im Produktions- und Dienstleistungsbereich unter bestimmten, später zu benennenden Voraussetzungen, mit rational konzipierter Struktur funktionsfähig sein.

...für wenig differenzierte Organisationen

❏ Je komplexer die Technologie in einem Bereich ist, desto weniger eignet sich das ROM als Leitbild für Organisationsformen. Komplexe Technologie ist aufgrund der dargestellten Spezialisierungsfolgen auf motivierte MitarbeiterInnen und kooperative Formen der Entscheidungsfindung angewiesen. Dies gilt für die produzierende Wirtschaft und für den Dienstleistungsbereich gleichermaßen.

❑ Betrachtet man die erwachsene Bevölkerung als potentielle Beteiligte/ MitarbeiterInnen von Organisationen, so wird man nicht an der Feststellung vorbeikommen, daß ein nicht unerheblicher Teil auf Arbeitsplätze in Organisationen angewiesen ist, die präzise Arbeitsaufträge auf der Grundlage differenzierter Arbeitsvorschriften erteilen. Viele ArbeitnehmerInnen brauchen genau abgesteckte Arbeitsbereiche mit konkreten Arbeitsaufträgen, die sie abarbeiten. Für die überblickbaren Zeiträume ist jedenfalls davon auszugehen, daß zahlreiche ArbeitnehmerInnen überfordert sind, wenn man ihnen stetige berufliche Weiterentwicklung, Eigeninitiative und selbständige Gestaltung ihres Arbeitsfeldes abverlangt, wie es das NOM und OOM voraussetzen.

...für MitarbeiterInnen mit begrenzten Fähigkeiten

Vergegenwärtigen wir uns noch einmal die oben genannten Stärken und Schwächen des ROM für den gewerblichen und sozialen Dienstleistungsbereich, so können folgende Funktionsbedingungen formuliert werden:

❑ Das ROM eignet sich für größere Verwaltungseinheiten, die mit der Prüfung und technischen Abwicklung bestimmter verwaltungstypischer Aufgaben befaßt sind, z.B. bei Anträgen auf Arbeitslosengeld, Hilfe zum Lebensunterhalt, u.a..

...für Verwaltungseinheiten

❑ Gehören zu den Aufgaben eines Amtes auch soziale Dienstleistungen, so benötigen diese eine andere Organisationsform. Das heißt: Innerhalb eines Amtes sollen für Abteilungen mit unterschiedlichen Aufgaben die jeweils geeigneten Strukturen entwickelt werden. So müßten im Jugendamt der Zukunft abteilungsweise aufgabenbezogene Organisationsformen entwickelt werden, weil die Aufgaben Hoheitsaufgaben, Verwaltungstätigkeiten und soziale Dienstleistungen umfassen.

❑ In kleinen sozialen Dienstleistungsorganisationen sollte Verwaltung nach Zweckmäßigkeit in den Organisationszusammenhang eingefügt werden. Dies gilt vor allem, wenn Verwaltungsaufgaben vor allem in technischer Abwicklung bestehen, wie dies bei freien Trägern der Wohlfahrtspflege und Verbänden oft der Fall ist.

❑ Das ROM ist ausgesprochen notwendig für Organisationen oder einzelne ihrer Abteilungen, die die soziale Ordnung sichern sollen.

...für Sicherung von Ordnung

❑ Das ROM eignet sich auch für Organisationen, die einfache standardisierte bzw. standardisierbare Dienstleistungen anbieten und mit geringen beruflichen Qualifikationsstandards des Personals auskommen. So werden Fastfood-Ketten wie McDonald´s und der United Parcel Service in einer rational durchstrukturierten Organisationsform betrieben. Daß auch solche Organisationen von einer Öffnung zur Umwelt profitieren, davon ist in Kap.7 noch die Rede. Komplexe Dienstleistungen benötigen andere Organisationsformen (vgl.Kap.5,6,7).

...für einfache standardisierte Produktion

❑ Das ROM war ursprünglich vorherrschendes Organisationsmodell der gewerblichen Wirtschaft, eignet sich gegenwärtig nur noch unter folgenden Bedingungen für gewinnorientierte Produktionsbetriebe:

Begrenzt für gewinnorientierte Produktionsbetriebe

– wenn es sich um kleine, allenfalls um Mittelbetriebe handelt,

– die Produkte geringer technologischer Komplexität herstellen,

– geringe Qualifikationsanforderungen an die Mehrheit der MitarbeiterInnen stellen

– und mit stabilen, d.h. überschaubaren und berechenbaren Umweltverhältnissen rechnen können.

5 Das natürliche Organisationsmodell (NOM)

Organisationsformen, die dem Typus des natürlichen Organisationsmodells nahe kommen, sind bei sozialen Einrichtungen, Werbeagenturen, größeren Anwaltssozietäten Fortbildungsinstituten des freien Marktes, Fachbereichen an Hochschulen, manchen kleineren Produktionsbetrieben, die vor allem Einzelanfertigungen produzieren, u.a. festzustellen. Gemeinsam ist diesen Organisationen, daß die zielführenden Kerntätigkeiten nur in geringen Anteilen standardisiert werden können.

Organisationsarten

Zur geschichtlichen Ausgangslage

Zwei Zusammenhänge sollen hier verdeutlicht werden. Erstens gibt es eine geistesgeschichtliche Traditionskette, die von J. J. Rousseau´s (1712- 1778) Gesellschaftsvertrag über P. J. Proudhon (1809-1865) und E. Durkheim (1858-1917) zu den amerikanischen Vertretern der strukturell-funktionalen Theorie einschließlich der Human-Relation-Schule wie E. Mayo (1880-1949), R. K. Merton (*1910), T. Parsons (1902-1979) und vielen anderen reicht und in der Organisationsentwicklung erneut ihre stärker anwendungsbezogene Ausformung gefunden hat. Die in dieser vielgestaltigen Traditionskette lebendigen Konzepte werden mit Stichworten wie Consensustheorie oder Harmoniemodell charakterisiert. Ihre grundlegenden Annahmen über Gesellschaft und soziale Gebilde hat Dahrendorf (1962: 209 f.) folgendermaßen formuliert:

Geistesgeschichtliche Traditionskette

Harmoniemodell

1. "Jede Gesellschaft ist ein (relativ) beharrendes, stabiles Gefüge von Elementen (Annahme der Stabilität).

2. Jede Gesellschaft ist ein gleichgewichtiges Gefüge von Elementen (Annahme des Gleichgewichts).

3. Jedes Element in einer Gesellschaft leistet einen Beitrag zu ihrem Funktionieren (Annahme der Funktionalität).

4. Jede soziale Einheit erhält sich durch einen Consensus aller Mitglieder über bestimmte gemeinsame Werte (Annahme des Consensus)."

Zweitens kann man das NOM als eine Antithese zum ROM im doppelten Sinn begreifen. Es handelt sich einerseits um eine Antithese, die aus den Erfahrungen mit den Schwächen des ROM herausgewachsen ist und vieles betont, was im ROM zu kurz kommt oder ganz übersehen wird, aber gerade die Elemente unterschätzt, die die Stärke von ROM ausmachen. Andererseits kann das NOM als Antithese verstanden werden, insofern mit ihm der Pendelausschlag weg von Formalisierung ins andere Extrem der informellen, personenbezogenen Aushandlungsprozesse schwingt. Angesichts der unbefriedigenden Erfahrungen mit rational konzipierten Organisationen gewinnen längst bekannte aber ignorierte Vorstellungen von Organisation an Aktualität und praktischer Relevanz.

NOM als Antithese zu ROM

Das zentrale Interesse

Es richtet sich auf das Verhalten der Beteiligten/Organisationsmitglieder und kann in folgender Leitfrage zusammengefaßt werden:

Informelle Beziehungs-
gefüge

❏ Wie kann das Verhalten der Organisationsmitglieder, vor allem das informelle Beziehungsgefüge, so gestaltet und beeinflußtwerden, daß die Organisation fortbestehen und in diesem Sinn erfolgreich arbeiten kann?

Die Erkenntnisbemühungen richten sich deshalb besonders auf die Arbeitsbedingungen und die informellen Beziehungen.

Da die TheoretikerInnen und PraktikerInnen des ROM und des NOM verschiedene Schwerpunkte setzen, möchte ich hier die am Ende des 3. Kapitels genannten Kriterien in einer - anderen - Reihenfolge behandeln, die der inneren Logik des NOM entspricht. Im Mittelpunkt des NOM stehen nicht formalisierte Strukturen, sondern die Beteiligten und ihre Interaktionen, mit denen ich hier einsetzen möchte.

Die Beteiligten

Vergleich von ROM +
NOM

Im ROM ist es ein zentrales Interesse der Leitenden, die Entscheidungsspielräume der anderen Beteiligten durch Formalisierung, d.h. ein differenziertes Regel- und Kontrollsystem so einzuengen und zu minimieren, daß die MitarbeiterInnen die gewünschten Verhaltensweisen kaum vermeiden können. Die Rationalität soll in der Struktur verankert sein. Dementsprechend haben die Beteiligten einen eher geringen Stellenwert. Demgegenüber stehen die TheoretikerInnen und PraktikerInnen des NOM der Formalisierung sehr skeptisch bis ablehnend gegenüber; sie stellen die Beteiligten als Personen mit indivi-

Individuelle Wesens-
merkmale

duellen Wesensmerkmalen und Neigungen in den Mittelpunkt ihres Interesses:

❏ Sie betonen die Gleichheit der Organisationsmitglieder und möchten formale Statusunterschiede unter ihnen vermeiden.

❏ Sie streben bewußt geringe Rollendifferenzierung und Spezialisierung der Aufgaben an.

❏ Die große Bedeutung und Wertschätzung der Beteiligten als Personen weist ihnen gleichzeitig ein hohes Maß an Eigenverantwortung bei ihrer Tätigkeit zu.

❏ "Die einzelnen Beteiligten sind niemals nur "gemietete Hände", sie bringen auch ihren Kopf und ihr Herz mit: Sie treten in die Organisation ein mit individuell geprägten Vorstellungen, Erwartungen und Plänen und sie bringen unterschiedliche Wertvorstellungen, Interessen und Fähigkeiten mit" (Scott 1986: 124).

❏ Der hohen Wertschätzung entsprechend werden die Beteiligten in Entscheidungsprozesse einbezogen.

❏ Weil die Organisation zuallererst eine Kollektivität ist, die das Wohlbefinden der Beteiligten mitbestimmt, hat sie auch Verantwortung für die Beteiligten zu übernehmen.

❏ Die Beteiligten sind zuerst AkteurInnen in der Organisation und die Struktur ist dementsprechend als Ergebnis ihrer Interaktionen aufzufassen.

❏ Beteiligte erhalten ihren "Platz" in der Organisation also weniger durch formale Aufgabenzuweisung, sondern vielmehr durch die Art und Weise, wie sie ihre persönlichen Fähigkeiten und Qualifikationen in den innerorganisatorischen Interaktionsprozessen zur Geltung bringen können. Es gibt kaum durch formalisierte Regeln geschützte Handlungsräume. Position und Status in der Organisation werden im wesentlichen durch persönlichen Einsatz erworben - oder verspielt. Beteiligte stehen im NOM deshalb ungleich stärker als im ROM unter stetigem Bewährungsdruck. Die innere Offenheit des NOM ist also Chance und Bedrohung zugleich.

Engagement
Fähigkeiten
Qualifikation

Die Sozialstruktur

Weil die Beteiligten im NOM zentraler Bezugspunkt sind, wird die Sozialstruktur eher als *Ergebnis* von Interaktionsprozessen und erst in zweiter Linie als deren *Ursache* begriffen: am Anfang waren die Beteiligten....Die Sozialstruktur wächst, entwickelt sich.

Kontrastprofil

Es gibt zwar eine formale Struktur, ihr wird jedoch wenig Bedeutung beigemessen; ihre Eigenart kann als eine Art Kontrastprofil zum ROM beschrieben werden.

Lokalisierung der Entscheidungs- und Kontrollbefugnisse

Eine feste formale Zuordnung von Entscheidungs- und Kontrollbefugnissen gibt es zwar auch in "natürlich" konzipierten Organisationen; sie hat jedoch nur untergeordnete Bedeutung. Welche Personen über welche Gegenstände entscheiden, ergibt sich in erster Linie aus den Fähigkeiten der Beteiligten, ihre Vorstellungen in Interaktionsprozessen zur Geltung zu bringen und durchzusetzen. Da es für einzelne Personen normalerweise schwer sein dürfte, für Vorstellungen alleine die erforderliche Unterstützung der anderen Beteiligten zu erhalten, ziehen meistens *"dominante Koalitionen"* (Cyert & March 1963) Entscheidungen und Kontrollen an sich. Es liegt in der Eigenart solcher Aushandlungsprozesse, daß die an solchen Koalitionen beteiligten Personen wechseln können. Im Ergebnis handelt es sich also um selbstregulierende Systeme.

Dominante Koalitionen

Das Konzept der dominanten Koalition setzt Uneinigkeit über Ziele und Verfahrensweisen in der Organisation voraus und bietet für derartige Konflikte eine Lösungsmöglichkeit in der Form der Aushandlungsprozesse an. Dominante Koalition bedeutet, daß sich Beteiligte mit ähnlichen oder gleichen Zielvorstellungen zusammenfinden und diese in Verhandlungen mit anderen Beteiligten durchsetzen. Allerdings werden diese Konflikte nicht strukturell verortet. Scott nennt fünf Vorzüge des Konzepts der dominanten Koalition:

Vorzüge der dominanten Koalition

❑ "Sie krankt nicht an den Problemen der Konkretisation: Individuen und Gruppen haben Interessen, und der Prozeß, in dem diese Interessen und Präferenzen in die Organisation ein-und auf sie übergehen, wird genau spezifiziert.

❑ Obwohl es Individuen sein können, die die Ziele der Organisation benennen, wird weder behauptet, daß sie es als Gleiche tun, noch wird davon ausgegangen, die einzelnen Beteiligten hätten gemeinsame Ziele.

❑ Obwohl Individuen der Organisation Ziele vorgeben, ist ein einzelner in aller Regel nicht mächtig genug, um die Ziele der Organisation umfassend zu bestimmen; das heißt, die Ziele der Organisation sind von den Zielen des je einzelnen Organisationsmitglieds verschieden.

❑ Die Existenz unterschiedlicher Interessen auf seiten der Organisationsmitglieder findet die gebührende Beachtung; einige dieser Differenzen lassen sich durch Verhandlungen auflösen, aber eben nicht alle, so daß es jederzeit konfligierende Ziele geben kann.

❑ Es wird in Rechnung gestellt, daß Umfang und Zusammensetzung der dominanten Koalition von einer Organisation zur anderen, aber auch innerhalb ein - und derselben Organisation im Lauf der Zeit variieren können" (Scott, 1986:353).

Wer von außen die aktuellen Entscheidungs- und Kontrollmechanismen in einer Organisation erfahren will, weil er für seine Anliegen die richtigen AnsprechpartnerInnen herausfinden möchte, kann sich nicht auf die formalen Rollenzuweisungen der Aufbauorganisation verlassen, sondern muß den Stand der organisationsinternen Aushandlungsprozesse erkunden.

Legitimationsgrundlage

Die Legitimationsgrundlage für solche dominanten Koalitionen beruht auf demokratischen (?) Aushandlungsprozessen. Es setzt sich die Koalition durch, die für ihre Ziele, ihre Entscheidungs- und Kontrollformen eine hinreichende Mehrheit unter den Beteiligten findet.

Eine inhaltliche Festlegung ist dabei nur insofern gegeben, als den Beteiligten ein vitales Interesse am Fortbestand der Organisation unterstellt wird.

Es sei davor gewarnt, sich von solchen Aushandlungsprozessen zu idealistische Vorstellungen zu machen. Real wird dabei durchaus auch mit einem vielfältig bestückten Tricksortiment agiert. Die Aushandlungsprozesse können dem Feilschen in Basaren durchaus ähneln und sozialdarwinistischen Charakter annehmen.

Disziplinierungsdruck

Je stärker die Organisationsleistungen durch KundInnen oder AuftraggeberInnen kontrolliert werden können, desto größer ist der Disziplinierungsdruck zugunsten guter "kundenbezogener" Produktqualität. Und umgekehrt: Je geringer der Disziplinierungsdruck von außen, desto größer ist die Gefahr, daß individuelle Vorteilserwägungen der Beteiligten die Ziel- und Entscheidungsfindungsprozesse durchdringen oder überlagern. Freilich kann man immer wieder Organisationen kennenlernen, die ohne Außendruck ständig bemüht sind, ihre Leistungen für NutzerInnen/KundInnen/Betroffene zu optimieren, weil ihnen dies wichtig ist.

80

Das natürliche Organisationsmodell (NOM)

Ein Dilemma für NutzerInnen öffentlicher und quasi-öffentlicher Einrichtungen des Gesundheits- und Sozialbereichs liegt gegenwärtig gerade darin, daß sie nach Form, Inhalt und Preisen einem Angebotsdiktat ausgesetzt sind, das sie kaum kontrollieren d.h. beeinflussen können.

Führung

Das diesem Strukturprinzip entsprechende Führungsprinzip rückt die Interaktionen zwischen "Führern" und "Geführten" in den Mittelpunkt. Der hohe Stellenwert der Beteiligten in der Organisation beinhaltet ausgeprägte Eigenverantwortlichkeit, die notwendigen Tätigkeiten aus eigenem Antrieb, eben nicht bloß auf Weisung zu tun. Im Vergleich mit dem ROM hat Führung im NOM eine weit geringere Bedeutung und beinhaltet, soweit sie notwendig wird, ein anderes Sortiment von Tätigkeiten. Führung umfaßt im NOM je nach Organisationsebene folgende Tätigkeiten:

Führungsprinzip

Arbeitsmittel beschaffen,

Führungstätigkeiten

- Personal beschaffen,
- Planung vorantreiben,
- Ressourcen beschaffen,
- Bilanzen und Rechnungswesen überwachen,
- Organisation nach außen vertreten,
- Kooperation mit PartnerInnen von außen organisieren,
- MitarbeiterInnen an Zielfindung beteiligen,
- Arbeitsaufgaben mit Beteiligten aushandeln,
- Arbeitsabläufe aushandeln und koordinieren,
- Konfliktbearbeitung betreiben, veranlassen,
- MitarbeiterInnen motivieren,
- Personalentwicklung vorantreiben,
- MitarbeiterInnen an Entscheidungsfindung beteiligen,
- Kooperation zwischen MitarbeiterInnen fördern,
- Fort- und Weiterbildung organisieren.

Insgesamt liegt der Schwerpunkt dieses Führungskonzepts bei den kommunikativen Kompetenzen, kaum bei Einzelentscheidungen, Weisungen, Kontrolle.

Die normative Struktur

Auch das NOM hat eine formalisierte, normative Struktur, der aber wie bereits erwähnt, wenig Bedeutung beigemessen wird. Im Vergleich zum ROM weisen die normativen Strukturen des NOM geringe Grade der Differenzierung auf, umfassen im Wesentlichen Ziele, Aufgabenbereiche und Rahmenbedingungen der Arbeit. Dies gilt für alle eingangs genannten Bei-

Normative Struktur

spiele. Dementsprechend sind auch Dienstanweisungen gestaltet. Wie die vereinbarten Aufgaben erfüllt werden, bleibt den Beteiligten weitgehend selbst überlassen. Damit werden für die Zieltätigkeiten weite Handlungsspielräume eröffnet, die Flexibilität, Kreativität und situationsgerechte Verhaltensweisen ermöglichen. Formelle Formen der Kontrolle sind (zu?) wenig ausgeprägt.

Die Verhaltensstruktur

Verhaltensstruktur

Sie hat im NOM, wie schon mehrfach erwähnt, zentrale Bedeutung. Verhaltensstruktur meint hier informelle Beziehungsmuster, die auf den Persönlichkeitsmerkmalen der an bestimmten Interaktionen Beteiligten beruhen. Die

Ausgangspunkt für...

Interaktionsprozesse unter den Beteiligten sind Ausgangspunkt und Verfahrensweise für

❑ die Zielfindung,

❑ die Entwicklung von Autoritätsstrukturen, Positions- und Statusgefüge,

❑ die Aufgabenverteilung in der Organisation,

❑ die Gestaltung des Betriebsklimas,

❑ den Fortbestand der Organisation,

❑ die Formen der Kontrolle,

❑ die Regelung von Konflikten,

❑ den Einsatz von Personal und anderen Ressourcen.

Positives Menschenbild

Man könnte sagen: Am Anfang stehen die Aushandlungsprozesse.

Die geschilderte Sichtweise baut auf einem Menschenbild auf, demzufolge hohe, positive Erwartungen in die persönlichen Fähigkeiten und Qualifikationen der Beteiligten gesetzt werden und die Organisation letztlich begründen. Freilich wird mit diesem Menschenbild den einzelnen Beteiligten die Hauptverantwortung für ihr Wohlergehen und ihren Erfolg aufgebürdet: Wer wirklich etwas erreichen will, kann es auch. Der American Way of Life mit seiner Individualisierung menschlicher Lebensläufe läßt grüßen. Das natürliche Modell und die strukturell-funktionale Theorie haben sich zu einer Zeit entwickelt, in der ein grenzenloser Optimismus die USA durchzog. Strukturbedingte Probleme kommen auf diese Weise kaum ins Blickfeld, werden ausgeblendet. Diesem von Grund auf optimistischen Menschenbild entspricht es auch, die Partizipation der Beteiligten bei Ziel- und Entscheidungsfindung zu betreiben und auf formalisierte Regel- und Kontrollsysteme weitgehend zu verzichten.

Kommunikations- und Informationsformen

Netzartige Kommunikation

Im NOM ist die Kommunikation die Grundlage für die Arbeitsweise in der Organisation. Deshalb wird auf formalisierte Informationskanäle weitgehend verzichtet. Es handelt sich vielmehr um direkte horizontale und vertikale Kommunikation unter den Beteiligten. Teamarbeit hat dementsprechend

82

einen hohen Stellenwert. Dasselbe gilt für fachliche und persönliche MitarbeiterInnengespräche. In mehreren Zusammenhängen (Verhaltensstruktur, Führung) bin ich bereits auf Kommunikation eingegangen, so daß sich weitere Erörterungen hier erübrigen.

Die Ziele

Die Ziele der Organisation werden durch Aushandlungsprozesse bestimmt. Dabei setzt sich in der Regel die dominante Koalition durch. Als generelles Ziel gilt der Fortbestand der Organisation, von dem alle Beteiligten profitieren. In diesem Rahmen werden konkrete Ziele und Aufgaben von den Beteiligten ausgehandelt. Damit verknüpfen die Beteiligten ihren Interessen und Neigungen entsprechend auch eigene individuelle Ziele. In diesem Zusammenhang sei daran erinnert, daß die Organisation die Beteiligten als Personen mit allen ihren Fähigkeiten und persönlichen Interessen schätzt. Es gilt als positiv, wenn Beteiligte persönliche Interessen mit denen der Organisation verknüpfen können.

Zielfindung

Die Technologie

Technologie wird ausgewählt und eingesetzt, um den Fortbestand der Organisation zu sichern. Soweit Organisationen nach dem Muster von NOM im Bereich qualifizierter Dienstleistungen angesiedelt sind, gewerblicher und öffentlicher, treten Gesichtspunkte der Technologie zugunsten der Ressourcen und Qualifikationen in den Beteiligten oft in den Hintergrund: Technologie und Beteiligte bilden hier einen besonders engen Zusammenhang. Das gilt für zahlreiche Arbeitsfelder des Sozial- und Gesundheitsbereichs, für Kunst, Kultur, Wissenschaft u.a.: Technologie ist hier kaum von den ausführenden Personen zu trennen. Sie besteht in den genannten sozialen und kreativen Bereichen in persönlich erworbenen, an die Person gebundenen, nur begrenzt vermittelbaren Qualifikationen. Die Maltechnik von van Gogh, ... die Beherrschung von Therapieverfahren... die Pulsdiagnose tibetischer Ärzte... die darstellerischen Fähigkeiten einer Maria Schell... die analytischen Kompetenzen eines Max Weber... das wissenschaftliche Format von Marie Curie... die Interpretationskunst einer Maria Callas... ein erfolgreicher Strafverteidiger... Ihre Tätigkeiten können beim besten Willen nicht einfach kopiert werden, weil sie mehr als bloße Technik beinhalten. Nicht nur bei diesen Spitzenleistungen ist die Qualifikation über die Technologie allein nicht zu erfassen.

Technologie und Beteiligte

Umweltbezüge

Im NOM wird der Fortbestand der Organisation als zentrales Ziel hervorgehoben. Man könnte deshalb vermuten, daß die Organisationsumwelt in entsprechende Überlegungen mit einbezogen wird. Die überwiegende Mehrheit der TheoretikerInnen des NOM beschäftigt sich jedoch nicht ausdrücklich mit den Umweltbezügen der Organisation. Nur Selznick (1948) und seine Mitarbeiter sowie Parsons (1951,1962,1964) gehen auf Umweltbezüge ein. Selznick & Co. sehen Umwelt vor allem aus negativer Perspektive: als Geg-

Organisationsumwelt

ner und Produzent von Schwierigkeiten. Nur Parsons öffnet die Perspektive zur Umwelt hin, indem er Organisationen als Teilsysteme einer umfassenden Umwelt einordnet, der stabilisierende Funktionen für die Organisation zugeschrieben werden. Parsons´ Sichtweise kann bereits als Übergang zum offenen Organisationsmodell gesehen werden.

Effizienz

Fortbestand als Effizienz

Effizienz entsteht durch das Zusammenwirken zahlreicher Faktoren. Im ROM werden diejenigen Effizienzfaktoren besonders beachtet, die durch rationale Planung und Regelsysteme erfaßt werden können. Im NOM stehen die mit der Verhaltensstruktur verbundenen Faktoren, von denen die wichtigsten aus Abbildung 21 zu ersehen sind, im Mittelpunkt des Interesses.

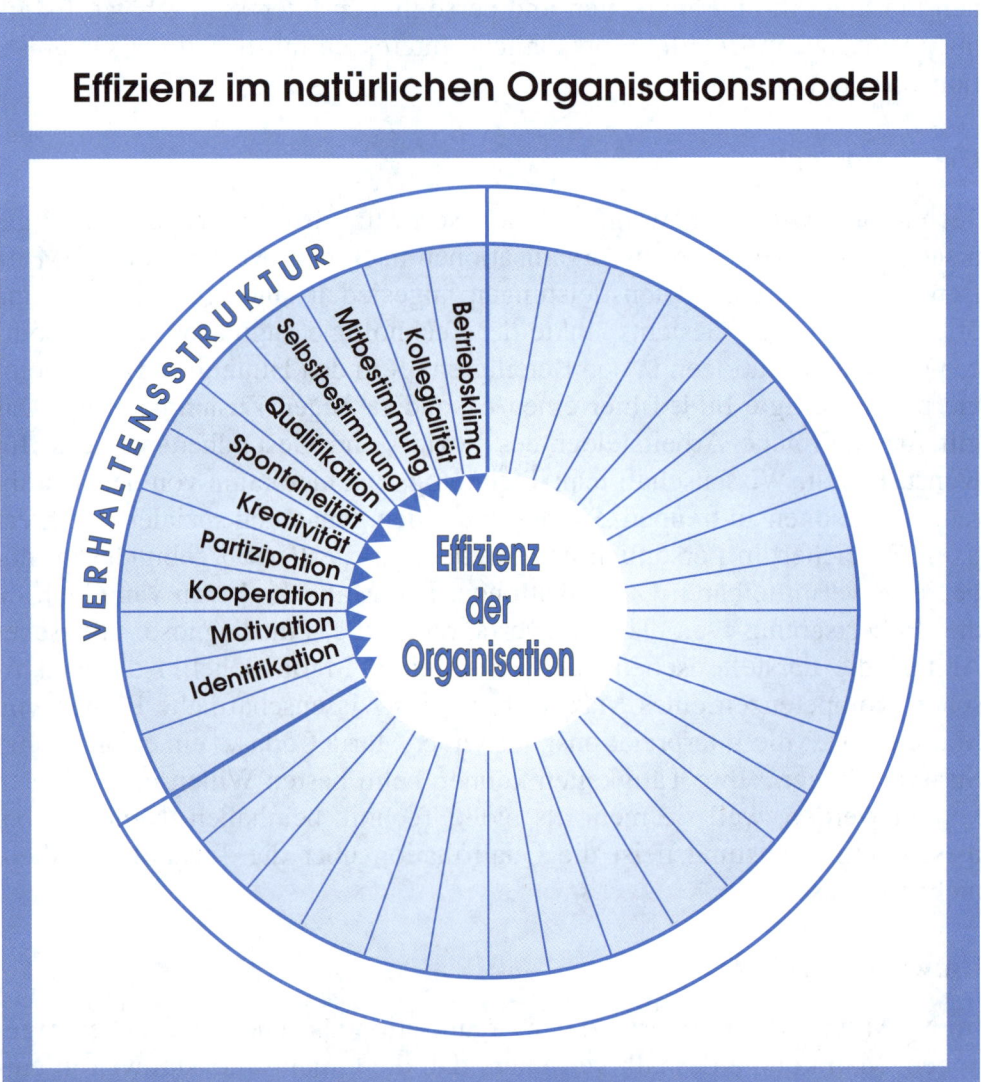

Abb. 21

84

Effizienz wird erreicht, insofern es gelingt, das Verhalten der Beteiligten auf den Fortbestand der Organisation hin zu beeinflussen und zu optimieren. Zufriedenheit der MitarbeiterInnen, Kollegialität und gutes Betriebsklima gelten als wichtige Bedingungen für hohe Leistungen und Leistungsfähigkeit. Jeder wird diese Faktoren positiv bewerten. Allerdings fehlt für diese Kausalbeziehung bisher eine eindeutige empirische Bestätigung, da die Verursachung auch umgekehrt sein kann: hohe Leistungen können auch Zufriedenheit usw. bewirken. Für die praktische Anwendung reicht allerdings die bloße Korrelation zwischen Zufriedenheit der MitarbeiterInnen/Kollegialität/Betriebsklima einerseits und hohen Leistungen andererseits. Wer sich um Zufriedenheit der MitarbeiterInnen, Kollegialität und gutes Betriebsklima bemüht, kann mit höheren Leistungen d.h. mit günstigeren Kosten rechnen. Dabei spielen die Aushandlungsprozesse in Verbindung mit den oben genannten Führungsfähigkeiten eine zentrale Rolle.

Die Stärken des NOM

Die Stärken des NOM ergeben sich aus dem positiven Menschenbild, der Betonung der Aushandlungsprozesse und den damit verbundenen Einschätzungen und Akzentsetzungen.

❑ Die Organisation gilt weniger als zielbezogener Zweckverband, sondern als wichtiger Lebensraum der Beteiligten, dem im Interesse ihres Wohlbefindens besondere Aufmerksamkeit zuzuwenden ist. Kollegialität und Betriebsklima werden, wie gerade beschrieben, als wichtige Rahmenbedingungen der Arbeit in der Organisation gesehen. *Organisation als Lebensraum*

❑ Die hohe Einschätzung der persönlichen Interessen, Neigungen und Qualifikationen der Beteiligten rückt die in ihnen steckenden Ressourcen ins Blickfeld, motiviert und animiert sie, sich mit ihren Fähigkeiten einzubringen und diese weiterzuentwickeln. Die dazu benötigten Handlungsspielräume stehen auch real zur Verfügung, weil beschränkende Formalstrukturen nur in geringem Maße bestehen. *Ressourcen in Personen*

❑ Mit der Betonung der persönlichen Wesensmerkmale der Beteiligten wird die Blick von den instrumentellen, rationalen auf andere Verhaltensanteile des Menschen gelenkt und geöffnet, nämlich für Kreativität und Spontaneität. *Kreativität und Spontaneität*

❑ Mit der Betonung der Verhaltensstruktur erhalten die Aushandlungsprozesse einen besonders hohen Stellenwert. Die Sozialstrukturen, die benötigt werden um Ziele zu erreichen, sind deshalb nicht von vornherein und auf Dauer festgelegt, sondern können den sich wandelnden Verhältnissen angepaßt werden.

❑ Die Wertschätzung der Beteiligten ermöglicht vielfältige Beteiligungsformen bei Ziel- und Entscheidungsfindung und ermuntert zu eigenverantwortlicher, kreativer und initiativer Arbeit. Beispiele für solche Beteiligungsformen sind Gruppendiskussionen, Moderationstechniken wie die Metaplanmethode, Netzwerkinterviews, Zukunftswerkstätten, Umlaufverfahren und Gruppendiskussion in Kombination, kreative Techniken wie Brainstorming u.a. Damit werden erhebliche Produktivitätsfortschritte erzielt: *Beteiligungsformen*

85

– Beteiligung an der Zielfindung verbessert die Zielbindung der Beteiligten;

– Beteiligung an der Entscheidungsfindung erhöht die inhaltliche Qualität der Entscheidungen und verringert Reibungsverluste (vgl. Kap. 4: Beteiligte);

– Die beschriebenen Folgeprobleme geringer Arbeitsmotivation vermindern sich, können allerdings in anderer Form bei denjenigen Beteiligten auftreten, die Schwierigkeiten mit der selbständigen Organisation ihrer Arbeitsaufgaben haben.

Strukturelle Freiräume ❏ Die Verlagerung von Entscheidungs- und Handlungsspielräumen auf die Beteiligten eröffnet insbesondere bei Dienstleistungen die strukturellen Freiräume, NutzerInnen als Mitwirkende einzubeziehen, soweit das angestrebte Ziel aus dem Zusammenwirken von Fachleuten der Organisation und NutzerInnen erwächst. Dies ist für den Bildungs-, Sozial-und Gesundheitsbereich, aber auch darüber hinaus für Planung, Personal- und Organisationsentwicklung, viele Variationen der Beratung u.a. von grundlegender Bedeutung.

Die Schwächen des NOM

Schwachstellen So positiv und produktiv es ist, die Bedeutung der informellen Beziehungen für die Organisation herauszuarbeiten, so voreilig ist es auch, die normative Struktur mit ihren formalisierten Elementen so gering zu schätzen wie es TheoretikerInnen und PraktikerInnen des NOM tun. Komplexe Produktionsprozesse, aber auch staatliche Behörden, die Armeen sind auf ausgeprägte normative Strukturen angewiesen, um funktionsfähig zu sein. Massen-und Serienproduktion ist nur möglich, wenn für Produktqualität, Materialeinkauf, Zulieferung, Arbeitsabläufe, Kooperationsbeziehungen usw. ein präzises und aufeinander abgestimmtes Regelsystem besteht und bedarfsweise an veränderte Bedingungen angepaßt wird. Spielräume für Aushandlungsprozesse sind hier zwar möglich und wünschenswert, um eine gewisse Flexibilität zu ermöglichen, aber im Interesse funktionsfähiger Arbeitsabläufe nur begrenzt realisierbar. Ohne klare Richtlinien, durch bloße Aushandlungsprozesse die Bemessung von Hilfe zum Lebensunterhalt, Versicherungsprämien, Steuern usw. "regeln" zu wollen, artet in Willkür und Chaos aus. Es zeichnet sich also ab, daß das ROM und das NOM für unterschiedliche Aufgaben geeignet sind.

Im einzelnen sei auf folgende Schwächen des NOM hingewiesen:

Überforderung ❏ Die positive Einschätzung der persönlichen Wesensmerkmale und die Erwartung selbständiger kreativer Arbeitsorganisation überfordert einen Teil der Beteiligten:

– Zahlreiche Beschäftigte sind mit weisungsgebundener Arbeit zufrieden und voll ausgelastet.

– Zahlreiche Beschäftigte sind mit der Erwartung, sich an Ziel- und Entscheidungsfindungsprozessen zu beteiligen, überfordert, weil damit oft umfangreiche und differenzierte Kenntnisse sowie die

86

Erfassung von komplexen Zusammenhängen vorausgesetzt oder gefordert werden, denen sie nicht gewachsen sind.

– Zahlreiche MitarbeiterInnen haben Jahrzehnte in Organisationen verbracht, die alle Organisationsprozesse unter der Prämisse grundsätzlichen Mißtrauens gegenüber den Beteiligten geplant und umgesetzt haben. Derartige langjährige Erfahrungen machen es diesen Menschen schwer, sich plötzlich auf gegensätzliche Orientierungsmuster umzustellen bzw. umpolen zu lassen.

❑ Mit der positiven Einschätzung persönlicher Wesensmerkmale der Menschen werden unerfreuliche Eigenschaften und Verhaltensweisen übersehen oder unterschätzt. Die im NOM vorhandenen Handlungsspielräume nutzen Beteiligte immer wieder zuungunsten der Organisation und zum eigenen Vorteil. Die Hochschulen und öffentlichen Verwaltungen bieten dafür viel Anschauungsmaterial. Auch viele soziale Dienstleistungseinrichtungen zeigen ähnliche Symptome. Schmidbauers "Die hilflosen Helfer"(1977), ein sozialpädagogischer Bestseller, macht deutlich, wie schwer sich viele Helfer damit tun, nicht die eigenen, sondern Betroffenenprobleme zu bearbeiten. Die monopolartige Stellung macht es zahlreichen Organisationen leicht, sich jahrelang wirksamen Kontrollen und Reformen zu entziehen.

Individuelle Vorteilsuche

❑ Einseitige persönliche Vorteilssuche von Beteiligten ist schwer zu erfassen und dingfest zu machen, denn der Mangel an formalisierten Verhaltenserwartungen, Kontrollrollen und -systemen setzt solchen Bemühungen Grenzen. Dickfällige Beteiligte können sich lange in natürlich konzipierten Organisationen halten. Es gibt zahlreiche, teilweise groteske Beispiele. Dabei geht es wohlgemerkt nicht um einzelne Verfehlungen, sondern um Dauerfehlleistungen. Vor einigen Jahren überraschte die örtliche Presse in München mit Berichten über einen Lehrer, der sich immer wieder ohne ernsthafte Sanktionen über längere Zeiträume krank schreiben ließ und während dieser Zeit weltumspannend surfte. In Hamburg konnte ein Orthopäde jahrelang kunstfehlerreiche Operationen durchführen. Angeblich mußte die Hansestadt dafür um 15 Mio. DM Schmerzensgelder zahlen.

Mangel an Kontrollen

❑ Die Vernachlässigung normativer Strukturen schränkt die Verwendbarkeit des NOM erheblich ein. Man übersieht, daß auch prozeßorientierte Verfahrensweisen üblicherweise in standardisierbare Verhaltensweisen eingebettet sind. Auf solche Verhaltensweisen und die mit ihnen verbundenen Schnittstellen beziehen sich Maßnahmen des Qualitätsmanagements und erreichen dadurch erhebliche Qualitätsverbesserungen.

Verwendbarkeit des NOM

❑ Die Thematisierung von Umweltbezügen fehlt oder ist unterentwickelt, weil das System und in ihm der Beitrag eines Elements zum *Bestand,* d.h. zum status quo im Mittelpunkt des Interesses steht.

Umweltbezüge

❑ Konflikte werden in natürlich konzipierten Organisationen vor allem als persönliche Konflikte gedeutet und behandelt. Strukturelle Konflikte, in der Wirklichkeit nicht eben selten (vgl. Kap. 3: Legitimation) passen nicht in das Konzept des NOM und der strukturell-funktionalen Theorie.

Konflikte

Zur Eignung des NOM

Aufgrund der bisherigen Darstellung kann die besondere Eignung des NOM folgendermaßen umschrieben werden:

...für komplexe Dienst-
leistungen

❏ Das NOM eignet sich für Organisationen, die komplexe Dienstleistungen erbringen, z.B. viele soziale Einrichtungen, in denen das Ziel durch das Zusammenwirken von Beteiligten der Organisation und NutzerInnen entwickelt und angesteuert wird.

...für Einzelproduktion

❏ Es kann auch erfolgreich für Organisationen zugrundegelegt werden, die Produkte in Maßanfertigung oder Einzelproduktion herstellen oder standardisierbare Serienproduktion mit geringer Arbeitsteilung herstellen und dafür qualifizierte MitarbeiterInnen benötigen.

...für marktähnliche
Zusammenhänge

❏ Seine Vorzüge kommen besser in Organisationen zum Zuge, die sich in marktähnlichen Zusammenhängen behaupten und sich deshalb an KundInnen/NutzerInnen/ AuftraggeberInnen orientieren müssen.

...für mittlere Organi-
sationsgrößen

❏ Als selbstregulierende Organisationen mit einem geringen Grad der Formalisierung sind Organisationsformen nach dem Muster von NOM auf kleine bis mittlere Organisationsgrößen ausgelegt. Größere Hochschulen sind nicht zufällig zu Präsidialstrukturen übergegangen.

❏ Das NOM eignet sich aufgrund der beschriebenen Schwächen nicht für

– ausgeprägte Verwaltungseinrichtungen,

– Organisationen mit ordnungsbezogenen Aufgaben,

– für Großbetriebe mit Serien- oder Massenproduktion.

88

6 Das offene Organisationsmodell (OOM)

Man kann zum gegenwärtigen Zeitpunkt noch nicht abschließend beurteilen, welche Reichweite das OOM tatsächlich haben wird, d.h. für welche Zielsetzungen und Legitimationsformen sich dieses Organisationsmodell als Leitbild besonders eignet, weil es sich in Praxis und Theorie noch im Stadium der Entwicklung befindet. Jedenfalls bemühen sich zahlreiche gewinnorientierte Betriebe darum, Organisationsformen zu entwickeln, die zentrale Elemente des OOM aufnehmen. Auch in manchen Organisationen mit anderen Zielorientierungen bemühen sich PraktikerInnen, BeraterInnen und WissenschaftlerInnen, aus Erfahrungen mit dem OOM für die Bewältigung der eigenen Probleme Nutzen zu ziehen. Die Vielfalt der Ziele läßt dabei auch recht unterschiedliche Organisationsformen entstehen.

Reichweite

Bei Anwendung und Weiterentwicklung des OOM werden immer wieder japanische Leitbilder herangezogen, kopiert oder kultur- und situationsbezogen modifiziert.

Zur geschichtlichen Ausgangslage

Die meisten Organisationen in Deutschland stehen gegenwärtig vor dem Problem, daß sie mit ihren überkommenen Organisationsformen nicht über die notwendigen Instrumente verfügen, die ihnen für die sich ständig ändernden Bedürfnisse und Leistungsanforderungen nachfragegerechte Handlungsmuster bereitstellen. Man hat sich nach der Aufbauphase seit Mitte der 70er Jahre in öffentlichen und privaten Organisationszusammenhängen doch zu sehr auf dem Erreichten ausgeruht. Man hat zu lange zu viel Geld und Energie in die Weiterentwicklung vom Ansatz her überholter rationaler Organisationsformen investiert. Die Konkretisierung dieser allgemeinen Erfahrung zeigt für die unterschiedlichen Tätigkeitsfelder je eigene Ausprägungen. Das "Schilda" der Organisation hat viele Gesichter, die bei differenzierter Betrachtung in zahlreichen Organisationen, besonders in öffentlichen und quasiöffentlichen, festzustellen sind. Wesentlichen Einfluß auf Sackgassen der Organisation hat das kameralistische Haushalts- und Finanzwesen, weil es durch seine Fixierungen und Kontrollmechanismen Flexibilität und sinnvolle Aufgabenerfüllung behindert.

Cultural Lag

Wir haben in Kapitel 3 gesellschaftliche Entwicklungen aufgezeigt, die fast allen Organisationen Veränderungen abfordern. Die verschiedenen gesellschaftlichen Bereiche müssen sich diesen gesellschaftlichen Veränderungen jedoch nicht in gleicher Weise stellen; sie müssen es nur dann, wenn sie unter aktueller Existenzbedrohung und entsprechendem Handlungsdruck stehen. Insgesamt, nicht in jedem Einzelfall, führen Existenzbedrohung, Angst vor Einschränkungen/Nachteilen oder vor massiven Eingriffen in die Organisation dazu, daß sich Organisationen um Organisationsformen bemühen, mit denen sie den Leistungsanforderungen von außen besser gerecht werden können. Eher selten gibt es jedoch auch Organisationen, die ihre Strukturen auch ohne äußeren Druck weiterentwickeln wie z.B. die Vorwerk-Elektrowerke (Jaspert 1994:23). Im Sozial- und Gesundheitsbereich sind Selbsthil-

Existenzbedrohung

feinitiativen - weit stärker als traditionelle professionelle Dienste - überaus erfolgreich dabei, problemangemessene Organisationsformen zu entwickeln (Engelhardt, 1988: 174-179, 1995). Vergleicht man die Problemzugänge von Selbsthilfeinitiativen und Konzepten der Organisationsentwicklung (z.B. Becker/Langosch 1990: 14-53), so stellt man erstaunlich viele Parallelen und Ähnlichkeiten fest.

Weil zahlreiche Wirtschaftsunternehmen im harten nationalen und internationalenWettbewerb unter akuter Existenzbedrohung stehen, bemühen sie sich besonders nachdrücklich und intensiv um überlebenstaugliche Organisationsstrukturen. Oft bleiben solche Bemühungen dennoch erfolglos oder sie setzen zu spät ein und können den Fortbestand des Unternehmens oder ganzer Branchen nicht mehr retten. Die BRD hatte einmal eine blühende Produktion von Photoapparaten... Es gab 1994 über 19 000 Konkurse, für 1995 wird eine weitere Zunahme erwartet...Dennoch gibt es unproduktive Organisationen mit schlechter Produktqualität und Arbeitsorganisation, weil sie sich aufgrund eines (Gebiets) Monopols behaupten können.

Existenzbedrohung im Sozialbereich

Für die vielgestaltigen nicht-gewinnorientierten Organisationen stellt sich die Situation weniger dramatisch dar. Existenzbedrohung besteht hier eher (zu?) selten. So hängt bisher der Fortbestand eines sozialen Dienstes oder Amtes, z.B. des Jugendamts, eines Altenheims, einer Drogenberatung nur ausnahmsweise von problemangemessener Organisation und/oder von der Leistung ab, wohl aber der Ruf. Anders liegen die Dinge bei selbstorganisierten und alternativen Projekten außerhalb der Mainstream-Sozialarbeit. Hier kommt es trotz innovativer und effektiver Arbeitsansätze immer wieder zur Auflösung, weil den Betroffenen die Lobby fehlt, die bei dem Zuschußgeber die Weiterfinanzierung erwirken könnte. Aus diesem Grund mußte sich 1993 das selbst organisierte Projekt "Selbsthilfe, Aids und Drogen", das inhaltlich problem- und lebensweltnah arbeitete, auflösen.

Dennoch können Problem- und Finanzdruck, KlientInnenwünsche, drohende massive Eingriffe von außen so unangenehm und lästig werden, daß man sich darum bemüht, problemangemessene Handlungs- und Organisationsformen zu erarbeiten.

Zwischenfazit: Gesellschaftliche Veränderungen zwingen immer mehr Organisationen dazu, die Austauschbeziehungen mit relevanten UmweltakteurInnen in den Mittelpunkt ihrer organisatorischen Bemühungen zu stellen. Organisation im Sinne von Organisieren bedeutet also stetige Optimierung von Zielen, Sozialstruktur, Beteiligten und Technologie auf relevante Umweltansprüche hin.

Konvergenz

An dieser Stelle sei ein kulturgeschichtlicher Hinweis erlaubt. Die alten asiatischen Kulturen, z.B. die hinduistische und buddhistische, sind seit Jahrtausenden von einem kreislaufartigen, ökologischen Daseinsverständnis geprägt, haben ja auch einige westliche Denker nachhaltig beeinflußt. Man könnte die gegenwärtige Entwicklung tendenziell unter dem Gesichtspunkt der Konvergenz (Capra 1984) interpretieren, insofern die beiden Denkformen sich auf einen stimmigen Zusammenhang hinentwickeln:

90

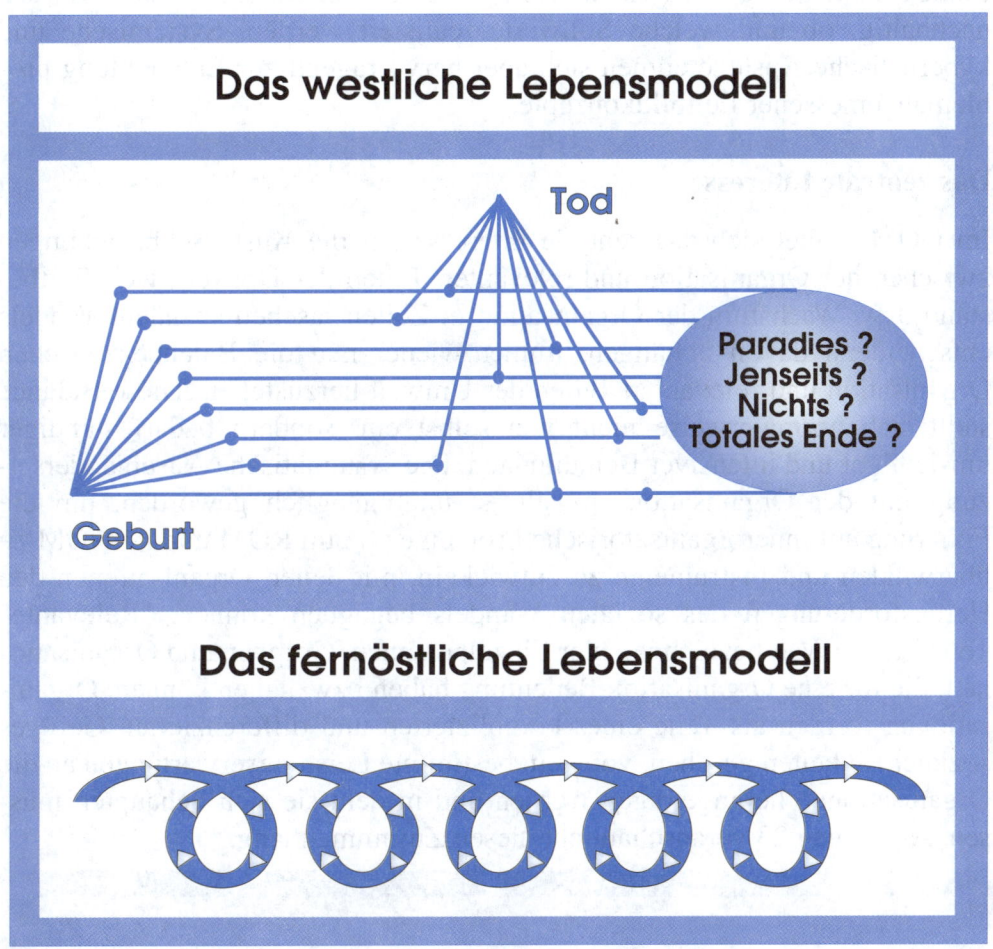

Das westliche Lebensmodell

Tod

Paradies ?
Jenseits ?
Nichts ?
Totales Ende ?

Geburt

Das fernöstliche Lebensmodell

Abb. 22

In den Ländern des mittleren und fernen Ostens nimmt man lineare Ursache-Wirkungs-Orientierungen auf, in den westlichen Ländern beschäftigt man sich immer mehr mit kreislaufartigen Daseinsinterpretationen, ökologischen, systemischen und kybernetischen Ansätzen. In beiden Kulturkreisen nimmt man das jeweils Neue auf, ohne die eigenen Traditionen zu verleugnen. Möglicherweise liegt auch in dieser Verknüpfung von westlichen und östlichen Kulturelementen das Erfolgsgeheimnis der Japaner.

Um irreführende Mißverständnisse zu vermeiden sei an dieser Stelle darauf hingewiesen, daß soziale Systeme empirisch gesehen, in sich und unter sich, nicht regelmäßig nach dem Modell des Regelkreises funktionieren. Dies *kann* der Fall sein und es wäre von besonderem Interesse, die Bedingungen herauszufinden, die in der Gesellschaft Funktionsweisen nach dem Modell des Regelkreises ermöglichen. Soziale Systeme handeln nicht von vornherein rational (Pfeffer 1978). Viele soziale Systeme gehen zugrunde, weil sie gerade die von außen kommenden Veränderungsimpulse nicht zugunsten ihres Fortbestandes verarbeiten können. Sie scheitern an inneren Problemen, weil nicht das Funktionieren des Systems im Mittelpunkt der Aktionen steht, sondern die Befriedigung der Bedürfnisse der Teilelemente des Systems. Interessengesteuerte Macht- und Herrschaftsprozesse bestimmen in hohem

Soziales System + Regelkreis

91

Maße soziale Prozesse sowie die Definition von Sollwerten; sie beeinflussen nachhaltig, ob und welche Sollwerte realisiert werden. Systemische und kybernetische Ansätze eignen sich aber hervorragend zur Entwicklung problemangemessener Leitbildkonzepte.

Das zentrale Interesse

Austauschbeziehungen mit der Umwelt

Im OOM richtet sich das zentrale Interesse auf die Austauschbeziehungen zwischen der Organisation und relevanten Teilen der Umwelt, weil Fortbestand bzw. Wachstum der Organisation in Zeiten raschen sozialen Wandels entscheidend davon abhängen, immer wieder neu die Balance zwischen Organisation und relevanten Teilen der Umwelt herzustellen. Diese Balance stellt sich normalerweise nicht von selbst ein, sondern bedarf ständiger umsichtiger und intensiver Bemühungen. Die systematische Auseinandersetzung mit der Organisationsumwelt ist unumgänglich geworden, um die Fixierung auf innerorganisatorische Probleme wie im ROM und im NOM zu überwinden und Instrumente zu entwickeln, mit denen Organisationen den Herausforderungen des sozialen Wandels begegnen können. "Relevante" Teile der Umwelt bezeichnen hier Einzelpersonen, Gruppen und Organisationen, die für eine Organisation Bedeutung haben bzw. haben können. Organisationen werden als Teile eines komplizierten und differenzierten Gefüges sozialer Einheiten gesehen, von dem bestimmte Leistungserwartungen an die Organisationen herangetragen werden und in dem sie sich behaupten müssen. Abbildung 23 veranschaulicht diesen Zusammenhang.

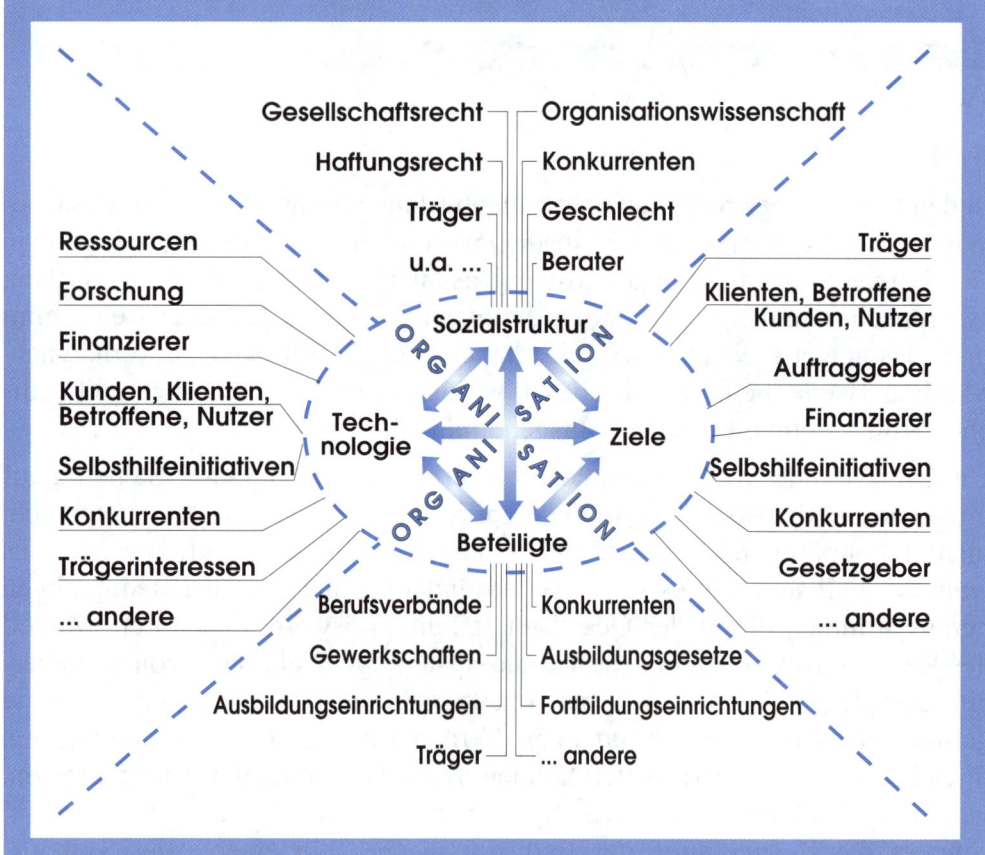

Abb. 23

92

Eine Organisationsanalyse *muß* also eine Analyse relevanter Umweltsysteme bzw.-akteure umfassen, die man den einzelnen Elementen von Organisation zuordnen kann. Die folgende Abbildung zeigt das Grobschema einer derartigen Umweltanalyse.

Umweltanalyse

Grobschema einer Umweltanalyse

Ermittlung der relevanten UmweltakteurInnen

↓

Ermittlung ihrer Interessen und Ansprüche

↓

Gewichtung der Umweltansprüche nach ihrer Bedeutung für die Organisation

↓

Analyse der zu erwartenden Rückwirkungen auf
Sozialstruktur   Beteiligte   Technologie

↓

Gewichtung der innerorganisatorischen Umsetzung jeweils notwendiger Veränderungen

↓

Szenarien für die Folgen einer Umsetzung der einzelnen Umweltansprüche

↓

Zielentscheidung

Abb. 24

93

Synthese von Einzel-analysen

Weil durchaus auch verschiedene, relevante UmweltakteurInnen auf Ziele, Sozialstruktur, Technologie und Beteiligte einwirken, sollte eine derartige Umweltanalyse zunächst für alle Merkmale von Organisation einzeln vorgenommen werden. Auf diese Weise kann die Komplexität besser erfaßt werden. Die Abbildung zeigt ein solches Ablaufschema, das die wichtigen Phasen am Beispiel der Ziele festhält; es kann analog auf die anderen Merkmale von Organisation übertragen werden. Sodann müssen diese Einzelanalysen in einer Synthese zusammengefaßt und stimmig gemacht werden. Abbildung 25 zeigt im Schema diese Vorgehensweise.

Abb. 25

Für die Gewichtungen bieten sich der paarweise Vergleich als Verfahren an oder andere Schemata, die den gefundenen Alternativen nach den Kriterien Bedeutung und Schwierigkeit der Durchführung Punkte zuordnen und so eine Gewichtung herbeiführen. Es würde in diesem Rahmen zu weit führen, auf Verfahrensweisen für die einzelnen, aufgezeigten Phasen detailliert einzugehen.

94

Je differenzierter eine solche Umweltanalyse angelegt ist, desto fundierter ist die Basis für Organisationsveränderungen.

Am Beispiel eines heilpädagogischen Horts möchte ich dies unter Bezug auf die Ziele verdeutlichen. Zählt man nur die MitarbeiterInnen zu den Beteiligten der Organisation, so kann man als für die Ziele wichtige UmweltakteurInnen die verhaltensgestörten Kinder, ihre Eltern, die zuständige Genehmigungsbehörde (Gesundheitsamt), die Caritas als Träger und die Schule ansehen. In der Reihenfolge dieser Aufzählung könnte man folgende Interessen annehmen: nicht mehr Außenseiter sein, unbehelligt bleiben und Problemlösung, rasche und kostengünstige Abwicklung, Vermittlung und Praktizierung christlicher Moralvorstellungen, Minderung der Verhaltensauffälligkeiten. Will man allen gleichermaßen berechtigten Interessen gerecht werden, so ergibt sich ein komplexes Anforderungsprofil, das mehrere Konfliktzonen enthält, die eigenen Vorstellungen der MitarbeiterInnen noch gar nicht gerechnet:

Heilpädagogischer Hort

Komplexes Anforderungsprofil

❏ Technologie: Die Methoden müssen sich sowohl auf die Kinder- als auch auf die Elternarbeit erstrecken, aber mit Rücksicht auf den Träger heikle sexualpädagogische Probleme ausklammern. Zwei Konfliktzonen müssen bearbeitet werden: Einerseits handelt es sich um den Widerstand der Eltern gegen ihre Einbeziehung und andererseits um den Konflikt zwischen sozialpädagogischer und weltanschaulicher Legitimation. Zusätzlich wird Kooperation mit Schule und Gesundheitsamt notwendig.

❏ Beteiligte: Sie müssen vielseitig qualifiziert sein, Methoden der Erwachsenenbildung ebenso beherrschen wie den sozialpädagogischen Umgang mit verhaltensgestörten Kindern und Formen der Kooperation mit Genehmigungsbehörde und Schule; schließlich müssen sie die genannten Tätigkeitsbündel sinnvoll kombinieren und aufeinander abstimmen. Gefühle, mit diesen Anforderungen überlastet zu sein, treten fast regelmäßig auf und sind auch nachvollziehbar.

❏ Sozialstruktur: Sie muß alle genannten Aspekte in einem Arbeitszusammenhang im Rahmen von tariflichen Arbeitszeiten, vorgegebenen Schulzeiten, Berufstätigkeit der Eltern zeitlich und arbeitsteilig regeln, d.h. Aufgaben und Zeiteinheiten für die Arbeit mit Kindern, für Elternarbeit und Kooperation mit Schule festlegen und dafür Teams bilden. Die Kooperation mit dem Gesundheitsamt kann auf eine Person, z.B. den Leiter delegiert werden. Die genannten Sachverhalte zeigen, daß die MitarbeiterInnen aus inhaltlichen Gründen in den Teams eigenverantwortlich arbeiten sollten, von Fall zu Fall Unterstützung und Beratung von SpezialistInnen in Anspruch nehmen, z.B. psychologischen, logopädischen oder heilpädagogischen Sachverstand. Der Gesamtzusammenhang könnte in Dienstbesprechungen und Gesamtteams diskutiert und von einer Leitungsperson federführend weiterverfolgt werden.

Mit einem solchen Konzept würde der heilpädagogische Hort im wesentlichen einem offenen Organisationsmodell entsprechen. Es gibt tatsächlich Einrichtungen, die auf diese Weise arbeiten und funktionieren. Der hohe Anspruch, der mit einem solchen Konzept verbunden ist, führt jedoch häufig dazu, insbesondere mit Widerständen und Konflikten besetzte Aufgaben zu minimieren oder fallen zu lassen. So kommt man gerne dem Wunsch der meisten Eltern nach, sie mit den Verhaltensstörungen ihrer Kinder nicht zu behelligen. Die Elternarbeit schrumpft immer wieder bis nahe Null. Verschwindet mit der Elternarbeit einerseits eine tragende Säule für wirksame soziale Arbeit und Leistung, so ergeben sich andererseits für Technologie, Beteiligte und Sozialstruktur ganz andere Bedingungen:

❏ Technologie: Die Methodik schrumpft auf Arbeit mit Kindern und den Konflikt mit dem Träger, der von einzelnen Teams je nach personeller Zusammensetzung voraussichtlich unterschiedlich bearbeitet wird.

❏ Beteiligte: Die Qualifikationsanforderungen vermindern sich um ein differenziertes und schwieriges Arbeitsfeld.

❏ Sozialstruktur: Die Sozialstruktur verliert deutlich an Komplexität, weil die üblicherweise abends angesetzte Elternarbeit nur selten oder gar nicht stattfindet.

Fazit: Alle Umweltinteressen, insbesondere divergierende, wirken sich auf alle Elemente der Organisationsstruktur aus.

Komplexität   Es ist deshalb wichtig, auf Unterschiede oder gar Gegensätze bei Einflüssen und Ansprüchen aus der Umwelt sowie ihr jeweiliges Gewicht zu achten. Ordnet man die Umweltanalyse in die Organisationsanalyse ein, so wird, wie die Abbildungen 8 und 23 zeigen, wenigstens ansatzweise die Komplexität deutlich, mit der es Organisationsveränderungen zu tun haben:

⇨ Organisationsveränderung und Organisationsentwicklung bestehen in der Vermittlung von innerer und äußerer Dynamik.

Beziehungen der Organisation zu ihrer Umwelt sind Austauschbeziehungen:

❏ Die Organisation erhält Ressourcen und Leistungserwartungen aus der Umwelt: *input*

❏ Die Organisation be- und verarbeitet die Ressourcen zu erwünschten Produkten/Dienstleistungen: *throughput*

❏ Die Organisation gibt das Verarbeitungsergebnis an NutzerInnen/KundenInnen/ AuftraggeberInnen/KlientInnen in der Umwelt ab: *output*.

Rahmenbedingungen   Die realisierbaren Inputs und outputs bestimmen die Rahmenbedingungen, innerhalb derer eine Organisation Handlungsmuster und entsprechende Strukturen entwickeln kann. Das Erkenntnisinteresse im OOM kann wie folgt formuliert werden:

⇨ Wie können die Austauschbeziehungen der Organisation zu relevanten UmweltakteurInnen so optimiert werden, daß die Organisation erfolgreich arbeitet, d.h. wächst oder mindestens fortbesteht?

96

Es kommt also darauf an, den Stellenwert der einzelnen relevanten Umweltausschnitte und seine Veränderungen genau zu erfassen, auszuwerten und für organisationsinterne Prozesse der Ziel- und Entscheidungsfindung, der Strukturbildung, der Personalentwicklung und Technologiegestaltung nutzbar zu machen. Konnte man im ROM und NOM die Organisation als sich selbst steuernde, relativ autonome, soziale Einheit begreifen, erscheinen in der Perspektive des OOM die relevanten UmweltakteurInnen als wesentliche MitgestalterInnen der Organisation, die Ziele, Sozialstruktur, Technologie und Beteiligte mindestens mittelbar entscheidend mitformen. Ziele, Sozialstruktur, Technologie und Beteiligte sind also von relevanten Umweltsystemen abhängig und können gezielt auf Wachstum bzw. Fortbestand der Organisation hin *instrumentalisiert* als Werkzeuge eingesetzt und modifiziert werden.

Stellenwert relevanter Umweltausschnitte

Die Sozialstruktur

Das ROM und das NOM betonen je einen Aspekt der Sozialstruktur, das ROM die normative Struktur, das NOM die Verhaltensstruktur. Beide unterschätzen den jeweils anderen Aspekt, weil sie den oben angesprochenen Denktraditionen verpflichtet sind, d.h. Werturteilen folgen. Werturteile haben wie Vorurteile wichtige Funktionen:

ROM + NOM als Sackgasse

- ❑ Sie ermöglichen Orientierung in einem Handlungsbereich.

- ❑ Sie eröffnen auf der Grundlage dieser Orientierung Handlungsmöglichkeiten.

- ❑ Sie sind bestimmte Formen des Wissens, von Gewißheit, von Sicherheit, die Selbstreflexion und Zweifel an der Richtigkeit der beurteilten Gegenstände be- oder verhindern.

Wege aus dieser Sackgasse werden möglich, wenn sich die Werturteile im Alltag nicht bewähren und/oder wenn neue Perspektiven auftauchen. Bezogen auf die Organisation bedeuten Werturteile, daß man als überzeugter Vertreter von ROM oder NOM "weiß", wie Organisationen funktionieren und wie sie deshalb aufzubauen sind. Verunsicherung kam auf, als man mit "seiner" Organisationsform dem sozialen Wandel nicht mehr gewachsen war und man erfahren mußte, daß KonkurrentInnen mit anderen Organisationsmodellen besonders erfolgreich waren, z.B. die Japaner.

...Wege aus der Sackgasse

Mit dem OOM entwickelt sich die neue Perspektive, die den Wahrheitsgehalt oder nüchterner: den Gebrauchswert des ROM und des NOM einzuschätzen ermöglicht, indem sie Organisationen in Beziehung zu ihrer relevanten Umwelt setzt: Im OOM stehen die Austauschbeziehungen zwischen Organisation und Umwelt im Mittelpunkt des Interesses, weil sie es sind, durch die Wachstum, Fortbestand oder Auflösung der Organisation bestimmt werden. Insofern ist es zentrale Aufgabe von Organisationen, diese Austauschbeziehungen zu gestalten und zu organisieren. Wenn sich relevante Umweltausschnitte ändern, müssen Organisationen darauf reagieren. Damit verlagert sich die Blickrichtung von der Struktur auf die Prozesse, von der Organisation auf das dynamische Gefüge, auf die Veränderungsprozesse in der Umwelt und die organisationsinternen Anpassungsprozesse. Zentraler

...das OOM als neue Perspektive

Bewertungsmaßstab für die Organisation und ihre Elemente sind ihre Bewährung bei relevanten Umweltsystemen. Ziele, Sozialstruktur, Technologie und Beteiligte werden damit zu Werkzeugen, mit denen Austauschbeziehungen mit relevanten Umweltsystemen produziert und organisiert werden; sie werden aus ihren traditionellen weltanschaulichen Verankerungen herausgelöst und auf ihren Gebrauchswert für bestimmte Ziele oder Zwecke reduziert und auf diese Weise disponibel.

Normative Struktur und Verhaltensstruktur

Zweckmäßigkeit als Maßstab

Aus der Sicht des OOM ist es keine Frage der Überzeugung, sondern der Zweckmäßigkeit, ob und in welchem Umfang zur Gestaltung von individuellen Arbeitsabläufen und von Kooperationsbeziehungen Regeln und/oder Aushandlungsprozesse eingesetzt werden. Zweckmäßigkeit verweist auf die Ziele, die eine Organisation nach sorgfältiger Ermittlung und Gewichtung der Umweltansprüche nach eigener Wahl anstrebt oder die ihr von relevanten UmweltakteurInnen, z.B. durch Gesetz oder andere AuftraggeberInnen vorgegeben, werden. Denn durch Gegenüberstellung von Zielen und Mitteln zur Zielerreichung läßt sich erst feststellen, welche Mittel für welche Ziele besonders gut geeignet sind. Auf der Grundlage praktischer Erfahrungen und langjähriger Forschungen kann man folgende Leitsätze formulieren:

Leitsätze

Bearbeitung von Routineaufgaben

❑ Die Bearbeitung von Routineaufgaben, von "gleichförmigen Ereignissen" (Litwak 1971: 117), von standardisierten oder standardisierbaren Aufgaben (Engelhardt 1991: 131-147) kann in geschlossenen Prozessen abgewickelt werden. Mit geschlossenen Prozessen sind hier Arbeitsabläufe gemeint, die hinsichtlich Ausgangssituation, Zielen, einzusetzenden Mitteln, Verfahrensweisen eindeutig formal geregelt sind und immer wieder nach demselben Schema ablaufen, z.B. der Anspruch auf Wohngeld, Sozialhilfe, Arbeitslosengeld, Serien- und Massenproduktion von Produkten und Dienstleistungen. Für derartige geschlossene Prozesse haben sich hierarchische Organisationsformen mit differenzierter normativer Struktur für die Arbeitsabläufe als zweckmäßig erwiesen. Dies gilt um so mehr, je höher der Spezialisierungsgrad und je differenzierter die Arbeitsteilung sind.

⇨ So viel normative Struktur wie nötig, so viel Handlungsspielräume wie möglich. Wie viel das ist, kann nur im Einzelfall sinnvoll entschieden werden.

Bearbeitung offener Probleme

❑ Die Bearbeitung von nicht standardisierbaren Aufgaben/ Produkten/ Dienstleistungen, d.h.

– von kreativen Aufgaben, z.B. Planung,

– von personenbezogenen Problemlösungen, z.B. Suchtberatung, berufliche Rehabilitation, usw.

– von Einzelanfertigung von Produkten, z.B. Antriebsaggregat für ein großes Schiff,

98

– von nur allgemein angebbaren Zielen, z.B. Schulfähigkeit verhaltensgestörter Kinder,

– von klaren Zielen mit unbekannter Realisierung, z.B. präzise Leistungsbeschreibung für eine zu entwickelnde Maschine,

– von Problemlagen mit prozeßbestimmter Entwicklung von Zielen und geeigneten Verfahrensweisen,

verläuft typischerweise in offenen Prozessen. Mit offenen Prozessen ist gemeint, daß bei Beginn der Arbeit fast alle zur Bearbeitung notwendigen Informationen nicht bekannt sind und erst während der Bearbeitung erschlossen und beschafft werden können (Engelhardt 1992: 131-147, 238-246; Schwarz, 1994: 67).

Offene Prozesse

Offene Prozesse benötigen organisatorisch gesicherte Handlungsspielräume, innerhalb derer Aushandlungsprozesse stattfinden können. Ausgeprägte normative Strukturen sind für offene Prozesse ausgesprochen kontraproduktiv, weil sie zu enge Grenzen setzen und damit zielführende Verhaltensweisen gar nicht erst entstehen lassen. Damit die Mängel bloßer Aushandlungsprozesse: Mängel bei Transparenz, Berechenbarkeit der Arbeitsabläufe, bei Arbeitsteilung, Unklarheit der Autoritätsstruktur u.a. nicht überhandnehmen, kann folgender Grundsatz formuliert werden:

⇨ So viel Handlungsspielräume wie möglich, so viel normative Struktur wie nötig. Wie viel das jeweils ist, kann sinnvoll nur im Einzelfall entschieden werden.

❑ Offene Prozesse ereignen sich meistens in einem Rahmen, der standardisiert werden kann. Zu nennen sind z.B. telefonische Erreichbarkeit, Vereinbarung von Terminen, Sprechzeiten, Anfertigung von Protokollen usw.

❑ Selbstverständlich gibt es auch Aufgabenbereiche, die sowohl standardisierbare als auch nicht standardisierbare Tätigkeiten umfassen. Bei der Pflege wurde eine Reihe von Tätigkeiten bereits standardisiert zwecks Zuordnung von Kosten. Wichtige Aspekte der Pflege betreffen die zwischenmenschliche Dimension, die leider oft ausgeklammert wird, obwohl sie für das Wohlbefinden der Betroffenen sehr wichtig ist.

❑ Je weniger die Bearbeitung von Aufgaben standardisierbar ist, desto stärker sollten Aushandlungsprozesse zur Regelung der Arbeitsabläufe eingesetzt werden. Das "richtige" Mischungsverhältnis von vorgegebener normativer Struktur und Handlungsspielräumen für Aushandlungsprozesse muß für die entsprechenden Tätigkeitsfelder jeweils herausgefunden werden. Zweckmäßigerweise sollte man von den zentralen, produktiven Tätigkeitsfeldern ausgehen, auf dieser Grundlage die Ablauforganisation und in weiteren Schritten die Aufbauorganisation entwickeln sowie weitere Tätigkeitsfelder funktional zuordnen.

Richtiges Mischungsverhältnis

*Präzise Dokumenta-
tion als Grundlage*

❏ Eine möglichst präzise Dokumentation und Analyse der Tätigkeiten relevanter Aufgabenbereiche ist als Grundlage für Strukturentscheidungen unumgänglich. Daraus kann auch eine zeitliche und systematische Reihenfolge abgeleitet werden.

– Zuerst ist die Aufgabe präzise zu klären.

– Zweitens sind die zu ihrer Erfüllung notwendigen einzelnen Tätigkeiten im zeitlich und kooperativ bestimmten Ablauf zu benennen.

– Erst dann können drittens strukturelle Richtlinien formuliert werden, die zur Erfüllung der Aufgabe zweckdienlich sind.

*Minimierung von Rei-
bungen*

❏ Immer mehr Organisationen sind so komplex, daß zu ihrem Zielspektrum Aufgabenbereiche mit unterschiedlichen Graden der Standardisierbarkeit und unterschiedlichen Legitimationsgrundsätzen gehören. Klassische Beispiele für den Sozialbereich sind hier Verwaltung und Fachlichkeit, für die gewerbliche Wirtschaft kaufmännische und technische Denkmuster. Dementsprechend müssen die geeigneten Strukturformen für einzelne Aufgabenbereiche abteilungsweise entwickelt werden. Zur Minimierung von Reibungen zwischen unterschiedlichen Struktur- und Beziehungsformen innerhalb einer Organisation können Rollentrennung, physische Trennung, Vermittlungsagenturen und Überprüfungsverfahren eingerichtet werden (Litwak 1971: 123f.).

Lokalisierung der Entscheidungs- und Kontrollbefugnisse

*Partizipatives Füh-
rungskonzept*

Die Lokalisierung von Entscheidungs- und Kontrollbefugnissen hängt im OOM eng mit dem partizipativen Führungskonzept zusammen. Es gibt zwar eine Aufbauorganisation, in der Entscheidungs- und Kontrollbefugnisse geregelt sind. Davon wird in der Form von individuellen Einzelentscheidungen bestimmter zuständiger Personen nur selten Gebrauch gemacht. Entscheidungen und Kontrolle sind nicht starr bestimmten Positionen in der Aufbauorganisation zugewiesen; sie werden vielmehr kooperativ von denjenigen Beteiligten entwickelt und wahrgenommen, die zu einem anstehenden Problem über die erforderlichen Fachkenntnisse verfügen. Soweit es sich um komplexe Probleme handelt, beteiligen sich häufig sehr viele SpezialistInnen an der Entwicklung z.B. eines Produktionsverfahrens.

Formale Autoritäten haben in solchen Zusammenhängen die Aufgabe, den Entwicklungsprozeß zu ermöglichen durch:

*Aufgaben formaler
Autoritäten*

❏ Förderung des Informationsflusses,

❏ Beschaffung benötigter Ressourcen,

❏ Förderung und Unterstützung der Kooperation unter den Beteiligten,

❏ Koordination und Organisation von Projektgruppen,

❏ Koordination von anderen internen und externen Kooperationspartnern

❏ u.a.

100

Tatsächlich wachsen die Entscheidungen aus der problembezogenen Kommunikation derer heraus, die mit den jeweiligen Problemen/Aufgaben befaßt sind. Autorität und Kontrolle haben eine "netzartige Struktur" (Burns/Stalker 1971: 150) und folgen der Verteilung von Wissen, Erfahrung und Kommunikationsgeschick. Insofern sind es letztlich die dominanten Koalitionen, die Entscheidungen maßgeblich formen. Bei grundlegenden unternehmenspolitischen Entscheidungen wird man allerdings die formalen Autoritäten der obersten Führungsebene und die EigentümerInnen nicht aus ihrer Verantwortung entlassen können.

Netzartige Kontrolle

Ein solches Konzept der Entscheidungsfindung und Kontrolle stellt an alle Beteiligten höchste Ansprüche, vor allem an ihre sozialen Kompetenzen. Mit einer größeren Verbreitung solcher Konzepte ist deshalb eher mittelfristig zu rechnen, weil ihre Erarbeitung und Akzeptanz erst wachsen müssen. Dies gilt ebenso für die erforderlichen Haltungen der MitarbeiterInnen.

Hohe Ansprüche an MitarbeiterInnen

Führung

Führung umfaßt im OOM einige Tätigkeiten, die bereits im Zusammenhang des NOM genannt wurden. Zusätzlich führt die systematische Orientierung an den Austauschbeziehungen mit relevanten UmweltakteurInnen sowohl zu neuen Akzentsetzungen als auch zu neuen Tätigkeitsfeldern, die je nach Organisationsebene unterschiedlich relevant sein können:

Führung im OOM

- ☐ Arbeitsmittel beschaffen,
- ☐ Personal beschaffen,
- ☐ Planung veranlassen und koordinieren,
- ☐ Ressourcen beschaffen,
- ☐ Organisation nach außen vertreten,
- ☐ Bilanzen und Rechnungswesen überwachen,
- ☐ Kooperation mit PartnerInnen von außen organisieren,
- ☐ für Informationsfluß sorgen
- ☐ MitarbeiterInnen motivieren,
- ☐ MitarbeiterInnen an Zielfindung beteiligen,
- ☐ Arbeitsaufgaben mit MitarbeiterInnen aushandeln,
- ☐ Arbeitsabläufe aushandeln und koordinieren,
- ☐ Konfliktbearbeitung einleiten oder veranlassen,
- ☐ Personal- und Organisationsentwicklung fördern und vorantreiben,
- ☐ MitarbeiterInnen an Entscheidungsfindung beteiligen,
- ☐ Kooperation zwischen MitarbeiterInnen fördern,
- ☐ Fort- und Weiterbildung organisieren,
- ☐ Qualität von Produkten und Dienstleistungen systematisch verbessern,

Führungstätigkeiten

❏ Umweltbezüge analysieren und für die Organisation umsetzen,

❏ umweltbezogene Organisationsentwicklung organisieren,

❏ Ressourcen der Umwelt erschließen.

Auswertung von Veränderungen in der Umwelt

Beobachtung und Auswertung von Veränderungen in der Umwelt sind eine ständige Führungsaufgabe, um wichtige Orientierungspunkte für organisationsinterne Veränderungen, z.B. Ziele und der nach außen gerichteten Handlungsmuster zu erhalten.

❏ Ebenso gehört es zu den Führungsaufgaben, die benötigten Ressourcen aus der Umwelt zu gewinnen und neue zu erschließen. Neben materiellen Ressourcen sind hier auch Ideen, Konzepte, Orientierungsdaten usw. gemeint.

❏ Entsprechend der beschriebenen Umweltorientierung müssen Informations- und Kommunikationsformen mit relevanten UmweltakteurInnen entwickelt bzw. aufgebaut werden: Marktforschung, Marketing, Formen der Öffentlichkeitsarbeit, die Pflege alter und die Gewinnung neuer Kooperations- und KundInnenbeziehungen.

❏ Die Betonung der Austauschbeziehungen mit der Umwelt hat die Aufmerksamkeit auch auf die Qualität von Dienstleistungen und Produkten gelenkt. Im Zuge offen formulierter Leistungsansprüche von außen wird die Qualitätssicherung immer mehr eine Führungsaufgabe.

❏ Organisations- und Personalentwicklung werden aus ihrer ideologischen Verklammerung gelöst und systematisch ausgebaut, um die Organisation in einen stetigen Prozeß der Anpassung, der Veränderung und Innovation zu versetzen.

Soziale Kompetenzen

Im Zuge der Dynamisierung der Organisation gewinnen kommunikative und soziale Kompetenzen vor allem der Führungskräfte immer weiter an Bedeutung, weil die genannten Veränderungen durch Kommunikation und Information erzeugt und umgesetzt werden. Man orientiert sich im Unterschied zum ROM und zum NOM jedoch an den Bezugspunkten, die man aus der Analyse der relevanten Umweltsysteme gewinnt.

Kommunikation und Informationswege

Netzartige Kommunikation

Im ROM waren nur die vertikalen Kommunikationswege institutionalisiert. Informationen wurden aufgabenbezogen dosiert und transportiert und gezielt als Herrschaftsmittel eingesetzt. Demgegenüber verschiebt sich im OOM die Funktion von Information und Kommunikation in der Organisation: Sie bleiben selbstverständlich auch Herrschaftsmittel, werden aber viel stärker Arbeitsmittel. Kommunikation vollzieht sich netzartig sowohl vertikal als auch horizontal. In der vertikalen Kommunikation zwischen Personen unterschiedlichen Ranges treten Anweisungen und Entscheidungen zugunsten aufgabenbezogener Information und Beratung zurück. Die horizontale Kommunikation ist primär Arbeitsmittel und strukturiert kooperative Arbeitsprozesse. Es besteht ein ausgeprägtes Interesse an umfassender Information und Informiertheit möglichst vieler Beteiligter/MitarbeiterInnen.

102

Die Ziele

Man kann zwei Formen von Zielen in zahlreichen aber nicht allen Organisationen unterscheiden:

❏ Konkrete Ziele, die die alltäglichen Tätigkeiten unmittelbar bestimmen,

❏ Ziele im Sinne von Selbstverständnis der Organisation oder Corporate Identity.

Konkrete, unmittelbar handlungsleitende Ziele

Während im ROM und im NOM die Zielfindung auf je eigene Weise autonom erfolgte, orientiert sie sich im OOM an den relevanten UmweltakteurInnen. Zielentscheidungen setzen deshalb voraus, deren Interessen und Leistungsanforderungen systematisch und zuverlässig zu ermitteln, sie "richtig" zu interpretieren und zu gewichten. Ermittlung, Interpretation und Gewichtung bedeuten, verglichen mit Zielfindung im ROM und NOM eine erhebliche Komplizierung der Zielfindungsprozesse, die finanzielle Mittel und Zeit beanspruchen, aber auch die unbedingt notwendigen zuverlässigen, Zielentscheidungen ermöglichen.

Zielfindung

Abb. 26

103

Definitionsmacht der Gesetzgeber

Die Ermittlung von Leistungsansprüchen kann je nach Tätigkeitsfeld der Organisation mehr oder weniger aufwendig sein. So bestimmen nicht nur im Sozialbereich Bundestag, Landtage, Kreistage und Stadträte sowie ihre Gesetze,

❏ was ein Problem ausmacht,

❏ welche Problemlösung bzw. welcher Leistungsanspruch möglich ist,

❏ welche Personen in den Genuß dieser Leistungen kommen.

Fehlendes Mitsprache-recht der KundInnen

Enthalten Gesetze gezielt Ermessensspielräume, so können Leistungsansprüche mit der zuständigen Fachbehörde geklärt werden. Problematisch ist dabei, daß im Wesentlichen ExpertInnen entscheiden, auf welche Weise die individuellen Leistungsansprüche behandelt werden. Betroffene/KundInnen/NutzerInnen haben kein Mitsprache*recht*, obwohl sie unmittelbar von den beschlossenen Maßnahmen betroffen sind. Es besteht also weitgehend ein Angebotsdiktat. Handelt es sich um marktgängige Leistungsanforderungen, Produkte oder Dienstleistungen, so haben die Interessen/Bedürfnisse der KundInnen/KlientInnen/ NutzerInnen doch eine weitreichende Steuerungsfunktion, die allerdings auf verschiedene Weise immer wieder unterlaufen und ausgehebelt wird, z.B: durch Gebietsmonopole, Preisabsprachen, unvollständige Sortimente vor Ort, baugleiche Produkte verschiedener Hersteller. Das Problem der Gebietsmonopole ist gerade im Sozialbereich in den nicht-städtischen Regionen nur durch die Entwicklung wirksamer NutzerInnenkontrolle zu entschärfen, da die Betroffenenzahlen das Nebeneinander mehrerer Einrichtungen für dieselbe Zielgruppe oft nicht rechtfertigen. Für die Ermittlung von KundInnenwünschen steht ein breit gefächertes Spektrum von Verfahren, von der hauseigenen KundInnenbefragung bis zu komplizierten Methoden der Marktforschung zur Verfügung.

Die richtige Interpretation und Gewichtung ist schwierig, wenn die ermittelten Leistungsanforderungen/Bedürfnisse/Interessen die wünschenswerte Klarheit und Eindeutigkeit vermissen lassen, wenn sie z.B.

❏ diffus sind,

❏ keine klaren Entwicklungstendenzen erkennen lassen,

❏ eine breite Streuung, Widersprüche oder gar Gegensätze aufweisen,

❏ wenn Herrschaftsverhältnisse die eigentlichen AdressatInnen in den Hintergrund drängen.

Mehrere Alternativen

So gibt es im Sozialbereich in vielen Arbeitsfeldern auf gesetzlicher Grundlage mehrere Möglichkeiten, ein und dasselbe Problem zu bewältigen. Es bestehen erhebliche Unterschiede zwischen den Leistungsangeboten auf gesetzlicher Grundlage und den gesetzlich ebenso möglichen Wünschen von Betroffenen. Bei der Fremdunterbringung würden viele Jugendliche eine Jugendwohngemeinschaft der Heimunterbringung vorziehen. Plätze in Jugendwohngemeinschaften werden jedoch nicht der Nachfrage entsprechend angeboten, obwohl sie pädagogisch meistens sinnvoller und kostengünstiger sind. Ähnliche Verhältnisse können in der Versorgung von psychisch Kranken und Behinderten.... usw. festgestellt werden. Nur sehr zögerlich setzen sich gebrauchswertorientierte Angebote für Betroffene durch.

In der Regel werden Zielentscheidungen für längere und überschaubare Zeiträume getroffen, weil sie Investitionen für Ausstattung, Technologie und Personal beinhalten und Korrekturen oft hohe Kosten verursachen. Fehlentscheidungen treiben gewerbliche Unternehmungen immer wieder in den Konkurs. Im Sozial- und Gesundheitsbereich erhöhen Fehlentscheidungen die Kosten und vermindern Problembewältigung und ziehen eher ausnahmsweise Sanktionen oder Korrekturen nach sich. Viele soziale Einrichtungen weisen erhebliche Fluktuation bei den MitarbeiterInnen auf. Wer macht da schon eine Fluktuationskostenrechnung, denkt über Abhilfemaßnahmen nach oder sucht nach Alternativen? Es kommt also darauf an, ausgereifte Zielentscheidungen zu treffen. Es ist deshalb zweckmäßig, alle jene MitarbeiterInnen in Zielentscheidungen mit einzubeziehen, die über einschlägige Erfahrungen und Qualifikationen verfügen.

Langfristige Zielentscheidungen

Zum Selbstverständnis der Organisation: Corporate Identity

Ein großer Teil der Umwelterwartungen ist nicht von vorneherein klar, sondern bedarf der systematischen Interpretation und Gewichtung, die am Selbstverständnis der Organisation, an ihrer corporate oder cultural identity (CI) orientiert sein sollte. CI beinhaltet all die Wertvorstellungen, Einstellungen, Gefühle, Verhaltensweisen und Symbole, die die Gefühle der Zusammengehörigkeit begründen. CI in diesem Sinn ist, abgesehen vom Wort, nichts Neues. Unternehmen wie Siemens, Krupp, Mercedes und viele andere pflegen und entwickeln ihre CI schon seit vielen Jahrzehnten. CI stellt eine wichtige Grundlage für die Interpetation und Gewichtung von zielbezogenen Umwelterwartungen dar. Ist eine solche CI wenig oder gar nicht entwickelt und im Bewußtsein der MitarbeiterInnen verankert, so kann eine Organisation zum Spielball wechselnder Umwelteinflüsse werden, richtungs- und orientierungslos ohne Perspektive agieren, ohne den MitarbeiterInnen die so wichtigen Bezugspunkte zur Identifikation und Motivation zu liefern. Die Entwicklung von CI ist ein langwieriger Prozeß (E.G.Fehlau 1994;Kiessling/Spannagel 1995).

Corporate Identity

Es sei an dieser Stelle vermerkt, daß die starke Betonung von CI in der Fachdiskussion auch mit einer Verschiebung der Kontrollmechanismen zusammenhängt. Wurde Konformität im ROM durch differenzierte Regeln und Kontrolle angestrebt, so braucht sie unter den strukturellen Gegebenheiten des OOM eine andere Grundlage: Die Öffnung von Handlungs-und Entscheidungsspielräumen beruht auf der positiven Grundeinstellung gegenüber den MitarbeiterInnen, d.h. auf Vertrauen. Vertrauen wird gestützt und gesichert durch hohe Identifikation der Mitglieder mit ihrer Organisation, durch Stärkung der *Zielbindung*, deren Grundlage CI bildet. Selbstkontrolle und informelle Kontrolle gewinnen so an Bedeutung, daß äußere formelle Kontrollformen zurückgenommen werden können.

... und Kontrolle

Die Beteiligten

Beteiligte als Ressour-
cen

Im OOM werden die Beteiligten, ähnlich wie im NOM als Gesamtpersönlichkeiten mit individuellen Wesensmerkmalen und Neigungen in den Mittelpunkt des Interesses gerückt; sie gelten als die entscheidende Ressource. Dementsprechend werden alle verfügbaren Methoden der Personalentwicklung eingesetzt, um die in den MitarbeiterInnen steckenden Ressourcen zu entwickeln. Diese Methoden sind in ihrer Eigenart auf Veränderung angelegt und betonen in besonderer Weise den dynamischen Charakter des OOM, indem sie von einem gegebenen status quo aus einen neu erwünschten Zustand anstreben.

❑ Fördermaßnahmen für Einzelpersonen sind darauf ausgerichtet, einen gegebenen Qualifikationsstand mit einer bestimmten Zielperspektive zu verbessern.

❑ Personalentwicklung im Gruppenzusammenhang wird durch Qualitätszirkel gefördert, die meistens an Problemen im Arbeitsbereich ansetzen, diese mindern oder lösen wollen.

❑ Personalentwicklung kann auch auf Unternehmensziele hin instrumentalisiert werden, z.B. zur Qualitätssicherung, zur Einführung neuer Technologien, oder zur Einführung neuer Geschäftsfelder (Bergmann 1993: 1-10).

Entwicklungsdruck für
Beteiligte

Die Beteiligten werden im OOM einem Druck ausgesetzt, sich und die eigenen Qualifikationen weiterzuentwickeln. Wer sich an diesen Personalentwicklungsprozessen nicht beteiligen kann oder will, gerät schnell in die Randzonen der Organisation oder wird ausgeschlossen. Wille und Fähigkeit zur eigenen Weiterentwicklung werden zu Selektionskriterien. Diese gezielte innerorganisatorische Dynamik paßt stimmig zu der Perspektive, die Austauschbeziehungen von Organisation und relevanter Umwelt zum Ausgangspunkt der Organisationsanalyse zu machen. Mit der Einbeziehung der Gesamtpersönlichkeit in die Organisation ergeben sich zwei wichtige Konsequenzen:

❑ Die Beteiligten werden in hohem Grade abhängig von der Organisation und ihren Managern, weil sie sich ihrem Zugriff kaum noch entziehen können.

❑ Die Verantwortung der Organisation für die Beteiligten nimmt in dem Maße ihrer Abhängigkeit zu.

Damit kommen zwangsläufig ethische Fragestellungen in die Entwicklung von Organisation und Personal. Der Organisation fällt die Verantwortung dafür zu, daß die Beteiligten nicht über die langfristig realisierbare Leistungsfähigkeit hinaus beansprucht werden und Schaden an physischer und psychischer Gesundheit nehmen. Selbst in Japan hat der häufiger auftretende Erschöpfungstod am Arbeitsplatz (koroshi) die Verantwortlichen in Politik und Wirtschaft aufgeschreckt.

106

Die Technologie

Technologie wird mit der Perspektive entwickelt und eingesetzt, um Ressourcen so zu verarbeiten, daß die Produkte/Dienstleistungen in der relevanten Umwelt mit Erfolg auf-bzw. abgenommen werden. Dabei spielt die technologische Qualität der Produkte durchaus eine Rolle. Zu unterscheiden sind also - jedenfalls für die gewerbliche Güterproduktion - die Verfahrenstechnik zur Herstellung von Produkten und der technologische Standard der Produkte selbst. Die Verfahrenstechnik ist ein entscheidender Bezugspunkt für Arbeitsteilung und Arbeitsabläufe im Produktionsbereich, für benötigte berufliche Qualifikationen, für Materialeinkauf, Zulieferer u.a. und bestimmt deshalb wesentlich die Herstellungskosten eines Produkts. Der technologische Standard bestimmt in hohem Maß die Attraktivität eines Produkts auf dem Markt. Beispielsweise ist ein PC 286, also mit überholter Technik für viele KundInnen uninteressant, selbst wenn er aufgrund rationeller Fertigung überaus preiswert zu haben ist. Ebenso wird man beim Autokauf darauf achten, ob die in Frage kommenden Fahrzeuge mit den neuen Entwicklungen wie Airbag, ABS, Seitenaufprallschutz Vierradantrieb usw. ausgestattet sind. Für einen großen Teil der Dienstleistungen ist diese *Unterscheidung* nicht anwendbar. Die Qualität von therapeutischen und sozialarbeiterischen Methoden ist jedoch durchaus von Bedeutung. Viele PatientInnen mit einer schweren Krankheit orientieren sich sehr sorgfältig, bevor sie sich für einen bestimmten Arzt oder ein bestimmtes Krankenhaus entscheiden. Ebenso suchen einige psychisch Behinderte nach einem besonders anerkannten Psychotherapeuten. Viele Betroffene sind von professionellen HelferInnen und ihren Angeboten enttäuscht und organisieren sich die benötigten Hilfen zusammen mit anderen Betroffenen selbst (Engelhardt 1995, Engelhardt/Simeth/Stark 1995). Nicht immer ist man im Sozial- wie auch im Gesundheitsbereich gut beraten, wenn man sich auf die neuesten Trends z.B. Therapien, neue Medikamente oder Operationstechniken stürzt.

Verfahrenstechnik

Produktqualität

Gerade weil im Sozialbereich Problembewältigung durch das Zusammenwirken von Fachleuten und NutzerInnen erfolgt, sind diese in besonderer Weise von der Methodenwahl betroffen: Versorgung von psychisch Kranken kann im Pflegeheim, in einer Langzeitwohngemeinschaft oder in einer einzelbetreuten Wohnung erfolgen. Wegen dieser starken Betroffenheit ist es keine unbillige Forderung, ein Mitspracherecht für die Betroffenen anzumahnen. Die tatsächlich überwiegend angebotenen und praktizierten "Lösungswege" lassen erkennen, daß die Betroffenen darauf nur geringen Einfluß haben.

Methodenwahl

107

Effizienz

Maßstab für die Effizienz

Maßstab für die Effizienz offener Organisationen ist es, ob und in welcher Weise sie sich im Gefüge sozialer Einheiten durch Austauschprozesse behaupten können. Im Ergebnis reicht das Spektrum von der Auflösung über das Dahinsiechen, den Fortbestand bis zu stürmischem Wachstum und gibt damit Auskunft über den Grad der Effizienz. Während man im ROM Effizienz von der ausgefeilten, normativen Struktur und im NOM von der sorgfältigen Pflege der Verhaltensstruktur erwartete, kennt man im OOM keinerlei Fixierung auf bestimmte Effizienzfaktoren. Hier kommt es auf die experimentelle Optimierung aller erdenklichen Faktoren in einer Organisation an.

Effizienz inhaltlich

Für privatwirtschaftliche Betriebe wurden dabei zahlreiche Kennziffern für Effizienz entwickelt, die im Sozialbereich nahezu durchgehend unbrauchbar sind. Hier können beim besten Willen nur sehr begrenzt, d.h. für Teilbereiche wie Verwaltung, Raumnutzung, quantifizierbare Effizienzmaßstäbe entwickelt werden, die noch dazu nach Problembereichen und Arbeitsfeldern differenziert werden müssen. Man ist deshalb gut beraten, Effizienz im Sozialbereich - und in anderen Bereichen - vorrangig unter inhaltlichen Aspekten zu betrachten (Gehrmann/Müller 1988: 39). "Es handelt sich dann unter gegebenen Rahmenbedingungen um die Optimierung aller bei einer Problembewältigung wirksamen Faktoren, von denen hier auf Zahl und Qualifikation der MitarbeiterInnen, Selbst- und Mitbestimmung der Betroffenen, die Beziehung Profi-Klient, methodische Ansätze, materielle, räumliche und zeitliche Bedingungen sowie ihre problemangemessene Zuordnung= Organisation hingewiesen wird" (Engelhardt 1992:14). Freilich müssen die Effizienzfaktoren, die im ROM und im NOM im Mittelpunkt stehen, auf die relevanten UmweltakteurInnen bezogen werden. Die folgende Graphik veranschaulicht diesen Zusammenhang.

108

Abb. 27

Zusätzlich ist zu beachten, daß die Art der Selbstbehauptung nicht marktgängiger Organisationen, z.B. der meisten sozialen Dienste und Einrichtungen durch politische Finanzierungsentscheidungen, nicht nach Angebot und Nachfrage und nur teilweise nach Bedarf und/oder Kostengesichtspunkten bestimmt wird. Der Gebrauchswert sozialer Dienstleistungen und das Ausmaß, in dem Probleme bewältigt werden, machen deshalb nur einen Faktor unter mehreren aus, nach denen über soziale Einrichtungen politisch entschieden wird.

Fortbestand sozialer Einrichtungen

Die Anreize, soziale Dienstleistungen im Rahmen der Möglichkeiten effizient zu organisieren, sind bisher wenig entwickelt. Unter diesen Rahmenbedingungen ist es normal und verständlich, wenn sich soziale Einrichtungen primär an politischen Entscheidungsträgern und Vollzugsorganen orientieren; sie erscheinen geradezu als Überzeugungstäter, wenn sie sich in erster Linie auf die NutzerInnen ausrichten; einige von ihnen tun dies nach wie vor konsequent und verdienen hohen Respekt dafür.

Für effiziente Organisation

Die Stärken des OOM

Vorzüge

Das OOM weist einige besondere Vorzüge auf:

Thematisierung relevanter Umweltbezüge

❏ Die systematische Thematisierung relevanter Umweltbezüge erlaubt es, Veränderungen frühzeitig zu erkennen und in der Zieldefinition, in organisationsinternen und in nach außen gewendeten Handlungsmustern zu berücksichtigen. Damit können Anpassungen an Umweltveränderungen rasch vollzogen werden.

Innovation

❏ Damit ist das OOM auf ständige Veränderung und *Innovation* ausgerichtet.

❏ Ziele, Sozialstruktur, Technologie und Beteiligte können als disponible Instrumente eingesetzt werden, um die Austauschbeziehungen der Organisation mit der Umwelt zu optimieren.

❏ Systematische Personal- und Organisationsentwicklung stellen konsequente Maßnahmenbündel zur Optimierung der Austauschbeziehungen zwischen Organisation und Umwelt dar. In Verbindung mit dem Konzept der partizipativen Führung können die Ressourcen, die im Personal und im Organisieren stecken, aktiviert werden.

Kooperative Entscheidungsfindung

❏ Partizipative bzw. kooperative Formen der Entscheidungsfindung

  – aktivieren und motivieren die MitarbeiterInnen,

  – führen zu fachlich ausgereiften Entscheidungen,

  – vermindern Reibungsverluste,

  – tragen zur Qualitätsverbesserung von Produkten und Dienstleistungen bei,

  – erhöhen die Produktivität.

Delegation und Dezentralisierung

❏ Im Zuge partizipativer Entscheidungsfindung entlasten Delegation und Dezentralisierung Teile der Aufbauorganisation von Arbeit, Einfluß und Verantwortung. Dadurch werden Kapazitäten frei für jene Tätigkeiten, die Führungskräften neu zugewachsen sind und weiter zuwachsen.

Die Schwächen des OOM

Schwächen

Neben den genannten Stärken sind auch einige Schwächen des OOM hervorzuheben:

Unsicherheit und Vielfalt

❏ Die Offenheit der Organisation zur Umwelt hat auch ihre Kehrseite: Sie bestehen in Unsicherheit und Vielfalt, für die geeignete Umgangsweisen entwickelt werden müssen. Schwierigkeiten können auch daraus erwachsen, daß die einzelnen Elemente von Organisation unterschiedliche Grade der Offenheit aufweisen (Thompson 1967).

110

❏ Die Grundidee des OOM, die Optimierung der Austauschbeziehungen mit der Umwelt durch ständige Veränderung der Organisation, überfordert einen Teil der Beteiligten, z.B. ältere, physisch und psychisch labile MitarbeiterInnen. MitarbeiterInnen mit geringer formaler Bildung und solche, die mit stabilen, sich langsam verändernden Arbeitsbedingungen besser zurechtkommen. Diese MitarbeiterInnen haben Schwierigkeiten mit der Forderung, die persönlichen und fachlichen Kompetenzen ständig weiterentwickeln zu sollen.

Überforderung

❏ Da im OOM die Gesamtperson der Beteiligten ernst genommen und einbezogen wird, kann die Aufforderung zur stetigen Weiterentwicklung in die totale Ausbeutung der MitarbeiterInnen einmünden, wenn Personalentwicklung nicht mit der unerläßlichen Verantwortung der jeweils Vorgesetzten betrieben wird.

Ethische Verantwortung

❏ Bei den geistigen Vätern und den neueren praktischen und theoretischen Ansätzen der Organisationsentwicklung ist eine ideologische Tendenz festzustellen: Die "Wir sitzen alle in einem Boot-Ideologie". Sie verdeckt und verharmlost mit dem Instrumentarium der humanistischen Psychologie Interessenunterschiede und strukturelle Konflikte.

Ideologische Tendenz

– Die Identifikation mit den Organisationsinteressen wird als Entwicklung der Persönlichkeit durch Arbeit gepriesen, was sicher nur als Teilwahrheit zu sehen ist.

– Bestehende Konflikte, auch strukturelle Konflikte werden häufig auf der Beziehungsebene bearbeitet. Damit wird ein wichtiges Instrument der Innovation und Veränderung, nämlich die geregelte Austragung und Bearbeitung struktureller Konflikte nicht genutzt (vgl. auch Beck/Schwarz 1995).

Zur Eignung des OOM

Die besondere Eignung des OOM liegt in der systemischen Betrachtungsweise. Danach sind Organisationen als Teilsysteme eines umfassenden, komplexen Sozialgefüges aufzufassen und bestehen durch Austauschbeziehungen mit relevanten Teilen dieses Sozialgefüges. Diese Orientierung an den Austauschbeziehungen der Organisation mit relevanten UmweltakteurInnen bildet den festen Bezugspunkt, der es ermöglicht die Organisationselemente Ziele, Sozialstruktur, Technologie und Beteiligte aus ihrer normativen Fixierung herauszuholen und als gestaltbare und optimierbare Bausteine der Organisation zu behandeln und einzusetzen. Mit anderen Worten: Die Umweltorientierung ist das zentrale Merkmal des OOM. Die Elemente von Organisation können im Sinne optimaler Austauschbeziehungen gestaltet werden. Damit werden weite Anwendungsmöglichkeiten eröffnet:

Systemische Betrachtungsweise

...für selbstbestimmende Organisation

❏ Das OOM kann für alle Organisationen Verwendung finden, die Ziele, Sozialstruktur, Technologie und Beteiligte im Rahmen geltender Gesetze selbständig bestimmen können. Diese Aussage kann dahingehend erweitert werden, daß das OOM *in dem Maße* auch auf andere Organisationen anwendbar ist, in dem diese Ziele Sozialstruktur, Technologie und Beteiligte selbst bestimmen können.

❏ Je nach Zielsetzung und Standardisierbarkeit der Arbeitsaufgaben müssen dabei normative Regelungen und Aushandlungsprozesse in den jeweils geeigneten Ausprägungen und Kombinationen ausfindig gemacht werden.

Fehlende Eignung

❏ Das OOM ist demnach für alle jene Organisationen *nicht* geeignet, die ihre Ziele und Sozialstruktur und Beteiligte überwiegend nach Vorgaben Dritter auszurichten haben, also über geringe eigene Gestaltungsspielräume verfügen. Dies gilt für öffentliche Dienste und Behörden, soweit die Ziele durch konkrete Gesetzesformulierungen und die Verfahrensweisen durch entsprechende Ausführungsbestimmungen vorgegeben sind. Dies gilt z.B. für die Mehrzahl der öffentlichen Organisationen, die an der Erhaltung der öffentlichen Ordnung mitwirken z.B. Polizei, Gerichte aber auch für Sozialämter, Schulen usw. Jedoch verbleiben auch hier Gestaltungsspielräume z.B. für Kommunikationsformen mit Betroffenen/KlientInnen/NutzerInnen/KundInnen.

Anwendung mit Einschränkung

❏ Das OOM kann mit Einschränkungen Anwendung finden, soweit im staatlichen Bereich gesetzliche Vorgaben allgemeine Ziele und Rahmenbedingungen formulieren, aber ausdrücklich für die konkrete Bearbeitung Gestaltungsspielräume belassen. Beispiel: Das Jugendamt muß im Interesse des Kindeswohls für Kinder und Jugendliche aktiv werden, wenn es Kenntnis von Verwahrlosung, Mißhandlung, sexuellem Mißbrauch usw. erhält. Damit ist festgelegt:

– das Jugendamt ist zuständig

– und muß aktiv werden.

– Gestaltungsspielräume bestehen,

– ob das Jugendamt eine Maßnahme selbst durchführt oder einem freien Träger überträgt,

– wie die Kontaktaufnahme zu Eltern und Jugendlichen erfolgt,

– welche Maßnahmen ergriffen werden: Erziehungsbeistandschaft, Erziehungsberatung, laufende Betreuung, Fremdunterbringung und welche Art,

– wie lange die Maßnahmen, wenn sie beschlossen sind, durchgeführt werden,

– ob gegebenenfalls bestimmte beschlossene Maßnahmen durch andere abgelöst werden,

– ob....usw.

112

7 Kombinationen von Modellbausteinen

Zwischenfazit

Kapitel 1-3 dienten der Klärung grundlegender Bezugspunkte, Definitionen und gesellschaftlicher Veränderungen, die für Organisationen wichtig sind. In den Kapiteln 4-6 habe ich das ROM, das NOM und das OOM anhand zentraler Kriterien dargestellt.

Neue Potentiale für Organisationsformen

Die dargestellten drei Organisationsmodelle weisen im typischen Erscheinungsbild, wie beschrieben, bestimmte Schwächen, Stärken und Eignungen auf. Man gewinnt neue Möglichkeiten und Potentiale für Organisationsformen, wenn man die Schwächen der Modelle minimiert, indem man ihre jeweiligen Stärken kombiniert. Die tabellarischen Übersichten über Stärken und Schwächen der Modelle in den Abbildungen 28 und 29 können als Gedächtnisstütze dienen.

Die Schwächen der Organisationsmodelle

ROM	NOM	OOM
dem raschen Wandel nicht gewachsen	dem raschen Wandel bedingt gewachsen	Vielfalt durch Offenheit und Unsicherheit durch Veränderung
Entscheidungsformen gesellschaftlich überholt	Positive Erwartungshaltung der Organisation überfordert einen Teil der Beteiligten	Positive Erwartungshaltung der Organisation überfordert einen Teil der Beteiligten
Rationalität ideologisch überzogen: Geringschätzung informellen Verhaltens schränkt Anwendbarkeit ein	Verhaltensorientierung ideologisch überzogen Geringschätzung normativer Struktur schränkt Anwendbarkeit ein	Geforderte Entwicklungsbereitschaft als neuer Selektionsfaktor
von Mißtrauen geprägtes Menschenbild: nachteilige Folgen für Motivation, Arbeitsqualität usw.	Vertrauensmißbrauch wird unterschätzt ungeeignet für: Ordnungsbezogene Organisationen. Verwaltung, Serienproduktionsbetriebe	Einbeziehung der Gesamtpersönlichkeit kann in totale Ausbeutung einmünden
einseitige Kommunikation • vertikal von oben nach unten • horizontal vernachlässigt		
keine systematische Reflexion der Umwelt	keine systematische Reflexion der Umwelt	Ideologie: Wir sitzen alle in einem Boot
Unterschätzung struktureller Konflikte	Unterschätzung struktureller Konflikte	Unterschätzung struktureller Konflikte
Autoritäres Managementkonzept		

Abb. 28

114

Die Stärken der Organisationsmodelle

ROM	NOM	OOM
geeignet für Ziele mit standardisierbarer Technologie	geeignet für Ziele, die prozeßorientiert angesteuert werden	geeignet für Ziele außer Sicherung der Ordnung und Verwaltung
Orientierung durch klare Strukturen	Respektierung der Gesamtpersönlichkeit	Respektierung der Gesamtpersönlichkeit
Regelhaftigkeit und Berechenbarkeit des Verhaltens	Spontaneität und Kreativität des Verhaltens	Spontaneität und Kreativität des Verhaltens
Freiheit der Beteiligten durch Beschränkung auf arbeitsbezogene Aufgaben	positive Erwartungshaltung an Beteiligte: Orientierung an den Kompetenzen	positive Erwartungshaltung an Beteiligte: Orientierung an Kompetenzen
	Interesse an Wohlbefinden der Beteiligten	Interesse an Wohlbefinden der Beteiligten
	Mitwirkung der Beteiligten an Entscheidungsfindung	Mitwirkung der Beteiligten an Entscheidungsfindung
	Flexibilität durch Aushandlungsprozesse	Flexibilität durch Aushandlungsprozesse
	Kommunikationskonzentriertes Managementkonzept	Kommunikationskonzentriertes Managementkonzept
		Orientierung an Austauschbeziehungen mit der Umwelt: instrumenteller Umgang mit Zielen, Sozialstruktur, Beteiligten, Technologie
		Umwelt als Ressourcenquelle
		Ständige Veränderung der Organisation durch Organisations- und Personalentwicklung

Abb. 29

Vorgehensweise

Meine Vorgehensweise:

❏ Der Reihe nach gehe ich auf das ROM, das NOM und das OOM ein,

❏ setze bei den Zielsetzungen und den für sie passenden Verfahrensweisen ein, für die das jeweilige Modell besonders geeignet ist

– ROM: standardisierte bzw. standardisierbare Verfahren zur Zielerreichung;

– NOM: prozeßhafte Entwicklungen und/oder Aushandlungsprozesse zur Zielerreichung;

– OOM: standardisierte bzw. standardisierbare und prozeßorientierte Verfahren zur Zielerreichung (Ausnahme: Verwaltung und ordnungsbezogene Organisationen);

❏ benutze die Komponenten der drei Modelle als Bausteine, und

❏ prüfe die Bausteine der jeweils anderen Modelle, inwieweit sie Schwächen des diskutierten Modells beheben bzw. ausgleichen und inwieweit sie inhaltlich vereinbar sind.

Zuvor sollen einige wichtige Einsichten aus den vorangegangenen Kapiteln vergegenwärtigt werden:

Wichtige Einsichten

❏ Die Erkenntnisse und Einsichten über Organisation haben sich in der Entwicklung vom ROM zum OOM erweitert und differenziert. Auch wenn das OOM den neuesten und umfassendsten Entwicklungsstand darstellt, behalten das ROM und das NOM für bestimmte Bedingungskonstellationen und bestimmte Ziele Bedeutung. Für sie sind das ROM und das NOM bzw. ihre Varianten notwendig und durch das OOM nicht zu ersetzen.

Relevante Umweltakteurnnen

Andere Faktoren

❏ Die Organisation wird wesentlich durch relevante UmweltakteurInnen mitgeformt (Lawrence/Lorsch 1967). Darüber hinaus wirken nach unserer Auffassung auch noch andere Faktoren auf die Organisationsform ein:

– die Größe,

– die Eigenart der angestrebten Ziele in Verbindung,

– mit der Standardisierbarkeit der Verfahrensweisen zur Zielerreichung,

– die jeweils wirksamen Legitimationsformen,

❏ Die Hoffnung, es könnte *ein* optimales, universell einsetzbares Organisationsmodell geben, hat sich nicht erfüllt. Im Gegenteil: Soweit Organisationen als Zwecksysteme geplant, aufgebaut, verändert, entwickelt usw. werden, müssen sie auf die jeweils relevanten Bedingungen hin maßgeschneidert und optimiert werden (Lawrence/Lorsch 1967; Mayntz 1977). Optimierung der Organisationsform heißt, mit den genannten Faktorengruppen ein System zu bilden und immer wieder neu auszubalancieren.

❏ Gesellschaftliche Entwicklungen: Individualisierung, soziale Differenzierung, Spezialisierung, Rationalisierung, Internationalisierung der Wirtschaft, Wettbewerb, Rechtsentwicklung begrenzen die Einsatzmöglichkeiten des ROM immer mehr auf die Bereiche, in denen es aufgrund von Zielsetzung und Legitimation keine Alternativen gibt: auf einfache Produktionen und Dienstleistungen, Verwaltung, Sicherung von Ordnung.

Gesellschaftliche Entwicklungen

❏ Wie Etzioni (1967:67) feststellt, sehen weder die TheoretikerInnen des ROM noch die des NOM "einen Widerspruch oder ein unlösbares Dilemma darin, das Streben der Organisation nach Rationalität und die menschliche Suche nach dem Glück zu vereinbaren". Diese Aussage kann auch für das OOM Geltung beanspruchen. Etzioni bestreitet gerade diese grundsätzliche Vereinbarkeit von organisations- und personenbezogenen Interessen und charakterisiert das Organisationsdilemma: "die unvermeidliche Spannung zwischen organisatorischen und persönlichen Bedürfnissen, die vermindert aber nicht ausgeschaltet werden kann; die Spannung zwischen Rationalität und Irrationalität; zwischen Disziplin und Autonomie; zwischen Geschäftsführung und Arbeitern; oder allgemeiner zwischen Rängen und Abteilungen....Unterschiede in wirtschaftlichen Interessen und in Machtpositionen können nicht hinwegkommuniziert werden" (Etzioni 1967: 70 bzw. 75). Soziale Konflikte, Spannungen, Gegensätze, Widersprüche sind in Organisationen normal. Bedauerlicherweise wird diese Normalität in der Organisationstheorie und in der praktischen Organisationsentwicklung zu wenig berücksichtigt (vgl. auch Beck/Schwarz 1995).

Organisationsdilemma

Kombinationen des ROM mit Bausteinen aus den anderen Modellen

ROM + Umweltorientierung

Starrheit von ROM

Das ROM wird entscheidend geprägt durch die rational konzipierte normative Struktur, die mittels differenzierter Regelsysteme Berechenbarkeit des Verhaltens und Orientierung bewirken soll und in erheblichem Umfang auch erzeugt. Je differenzierter die Regeln, desto genauer ist die Verhaltenssteuerung und desto kleiner ist das Spektrum der realisierbaren Handlungsmöglichkeiten, die gegen 0 tendieren können: Man spricht von Starrheit, Mangel an Flexibilität. An aktuellen Situationen wird jeweils deutlich, ob und in welchem Maße die positive Bewertung Berechenbarkeit oder die negative mangelnde Flexibilität bzw. Starrheit vorgenommen wird. Beide Begriffe kennzeichnen verschiedene Seiten desselben Sachverhalts, nicht unbedingt Gegensätze, und sind auf die Funktionsfähigkeit bezogen. Beide können sowohl auf die organisationsinternen Verhältnisse als auch auf die Beziehungen zu relevanten UmweltakteurInnen bezogen werden.

Berechenbarkeit im Sinne von Zuverlässigkeit ist bilateral entscheidend für externe Kooperationsbeziehungen sowie KundInnen/NutzerInnen/usw. Flexibilität ist unumgänglich, um wechselnden Ansprüchen relevanter UmweltakteurInnen gerecht werden zu können.

Flexibilität + Berechenbarkeit

117

Berechenbarkeit ist organisationsintern Voraussetzung für Funktionsfähigkeit gerade bei sich wiederholenden Routineabläufen. Flexibilität ist unumgänglich, um unter sich verändernden Bedingungen funktionsfähig zu bleiben, oder anders ausgedrückt: Es geht also darum, Organisationsformen zu finden, die zweierlei ermöglichen:

❑ rasche Veränderung von Routineabläufen, um flexibel zu bleiben,

❑ die Entwicklung von Routineabläufen, die unter verschiedenen Rahmenbedingungen funktionsfähig sind, z.B. multifunktional einsetzbare Baustein- bzw. Paketlösungen.

Natürlich bestehen Wechselbeziehungen zwischen Berechenbarkeit/Flexibilität in organisationsinternen und -externen Beziehungen. Ich wende mich zunächst den externen Verhältnissen und in den folgenden Abschnitten den internen zu.

Systematische Auseinandersetzung mit der Umwelt

Eine wesentliche Schwäche des ROM liegt in seiner Eigenart, geschlossenes System zu sein und deshalb den Bezug zur Umwelt nicht systematisch zu erfassen. Anpassung an gesellschaftliche Veränderungen ist deshalb schwierig, unmöglich oder zufällig. Öffnet man das ROM für die Orientierung an den Austauschbeziehungen mit der Umwelt (aus dem OOM), so werden dadurch einige, aber nicht alle, Anpassungshemmnisse von rational strukturierten Organisationen reduziert. Systematische Auseinandersetzung mit der Umwelt ermöglicht den Leitungspersonen,

Chancen

❑ veränderte bzw. neue Wünsche, Ansprüche und Bedingungen von KundInnen/NutzerInnen/AuftraggeberInnen/KlientInnen usw. zu erfassen,

❑ in Zielsetzungen der Organisation umzuformen,

❑ notwendige innerorganisatorische Veränderungen einzuleiten,

❑ erforderliche Entwicklungsprozesse für Produkte oder Dienstleistungen anzukurbeln,

❑ deren praktische Durchführung zu planen und vorzubereiten,

❑ dafür benötigte Ressourcen für Veränderungen der Technologie und bei den Beteiligten (Material, Maschinen, geeignetes Personal, Arbeitsmethoden u.a.) zu erschließen,

❑ falls nötig die Sozialstruktur mehr oder weniger umfangreich zu ändern,

❑ neue Kooperationsbeziehungen mit anderen Organisationen auszuhandeln,

❑ gegebenenfalls über veränderte Öffentlichkeitsarbeit, KundInnenbetreuung, Vermarktung, Vertriebs- und Verkaufsstrategien nachzudenken,

❑ u.a.

Die Kombination des ROM mit Umweltorientierung ermöglicht es Organisationen, nahe an den KundInnen, an der branchenüblichen Entwicklung, kurz: auf der Höhe der Zeit zu bleiben; sie beseitigt jedoch nicht die übrigen modellbedingten Schwächen, deren Kompensierung durch andere Bausteine die Eigenart der Organisationsstruktur unweigerlich verändern.

Die Situation stellt sich für gewinnorientierte Betriebe und öffentliche Organisationen und unter diesen für verschiedene Formen unterschiedlich dar. Gewinnorientierte Betriebe, ob für Güterproduktion oder für Dienstleistungen, können auf der Grundlage des Eigentums an den Produktionsmitteln selbst über ihre Ziele, Organisationsform und Verfahrensweisen entscheiden. Sie können deshalb nach dem Maß ihres eigenen Vermögens auf Veränderungen bei den für sie relevanten UmweltakteurInnen reagieren. Die letzte Liste konkretisiert beispielhaft solche Handlungsmöglichkeiten. Abbildung 30 verdeutlicht, daß es sich hier überwiegend um unmittelbare Beziehungen zwischen Betrieb und relevanten UmweltakteurInnen handelt.

Bilaterale Beziehungen in gewinnorientierten Betrieben

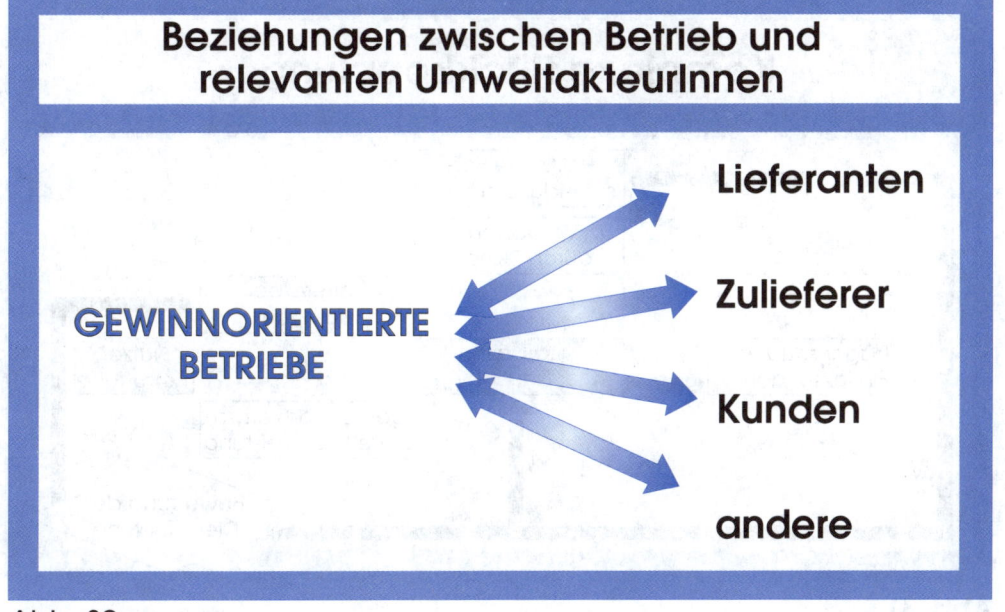

Abb. 30

Anders verhält es sich bei den öffentlichen Behörden. Sie sind bei ihren Tätigkeiten lediglich Vollzugsorgane und an die Vorgaben des Gesetzgebers gebunden und ihnen verpflichtet, nicht einzelnen Bürgern. Vorgegeben sind regelmäßig die Ziele, häufig auch die Verfahrensweisen. Solange bestimmte gesetzliche Regelungen gelten, sind sie für die Vollzugsbehörden auch verbindlich, selbst wenn ihre Regelungen nicht mehr zeitgemäß sind.

Öffentliche Behörden als Vollzugsorgane

Gesetze an gesellschaftlich veränderte Verhältnisse anzupassen, ist weit überwiegend Aufgabe der Gesetzgeber. Gerichte und Behörden haben eher geringe Möglichkeiten, durch Auslegung überholte gesetzliche Regelungen zu kompensieren. Manche Gesetze schreiben Ziele und Verfahrensweisen sehr genau vor und belassen den Vollzugsbehörden nur minimale Auslegungsspielräume. Dies gilt z.B. für Gesetze, die auf die Sicherung der öffentlichen Ordnung und /oder finanzielle staatliche Leistungen bezogen sind. Beim Vollzug solcher Gesetze kommt es gerade darauf an, den Willen des Gesetzgebers möglichst genau umzusetzen. Eigene Entscheidungsbefugnisse und Handlungsspielräume der zuständigen Behörden, um Umweltinteressen zu berücksichtigen, wären hier geradezu kontraproduktiv und würden Will-

*Umweltorientierung
auf komplexen
Umwegen*

kürakten Tür und Tor öffnen. Für den Vollzug derartiger Aufgaben, d.h. für Herrschaftsdurchsetzung, ist das traditionelle Bürokratiemodell = rationale Organisationsmodell die zweckmäßigste Organisationsform.

Inhaltlich ausgerichtete Umweltorientierung kommt nur auf komplexen Umwegen zustande, die stets über den Gesetzgeber laufen, langwierig und von den NutzerInnen kaum zu beeinflussen sind. Das zu lösende Problem liegt also nur zu geringen Anteilen bei den Behörden, sondern in erster Linie in den komplexen Rückkopplungsprozessen mit den Gesetzgebern, die nur selten auf der fachpolitischen Ebene zu halten sind. Abbildung 31 veranschaulicht diese komplexe Rückkopplung.

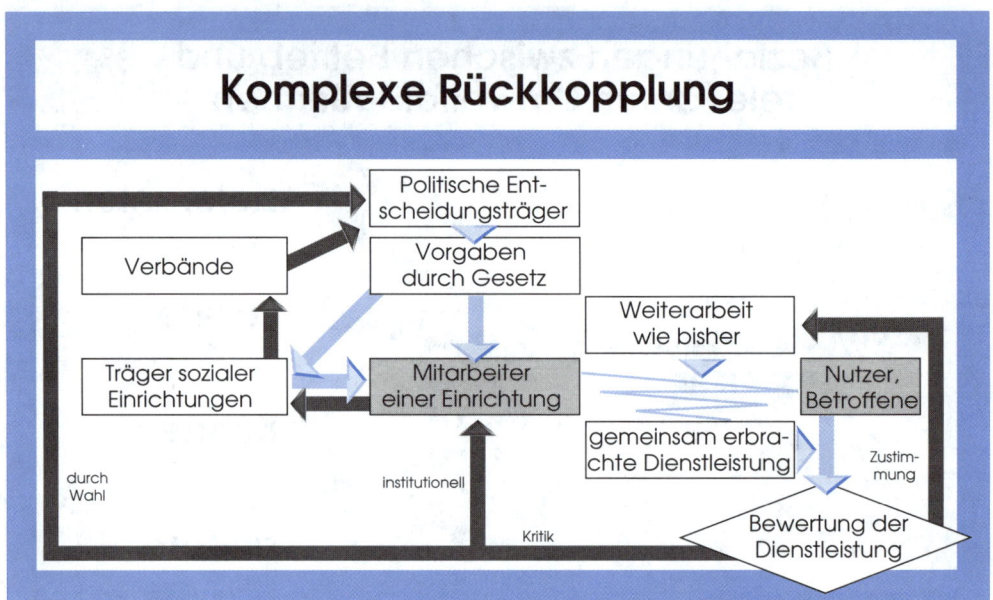

Abb. 31

*Berechenbarkeit staat-
lichen Verhaltens als
Qualitätsmerkmal*

Berechenbarkeit staatlichen Verhaltens durch präzise Verhaltenssteuerung der Ausführungsorgane per Gesetz, d.h. auch eine gewisse Starrheit ist trotz der genannten Probleme ein unaufgebbares Ziel und ein besonderes Qualitätsmerkmal.

Ist bei gewinnorientierten Betrieben flexible Reaktion auf gesellschaftliche Veränderung von zentraler Bedeutung für den Fortbestand, so steht bei herrschaftsorientierten Behörden Berechenbarkeit und Gleichbehandlung in vergleichbaren Fällen im Mittelpunkt des Interesses.

NutzerInnenkontrolle

NutzerInnenkontrolle gestaltet sich in den beiden Bereichen sehr unterschiedlich. Es ist für die KundInnen relativ einfach, bei einem Konsumgut den Produzenten zu wechseln, wenn sie mit einem Produkt nicht zufrieden waren. Der Marktmechanismus bring's. Schwierig bis aussichtslos ist es dagegen, korrektes Behördenverhalten ändern zu wollen. Behörden sind Monopolisten. Der Weg über Wahlen, Bürgerinitiativen, Briefaktionen ist ebenso mühselig wie meist aussichtslos, weil die Auseinandersetzung nahezu regelmäßig von der Sachebene in das unberechenbare Geflecht allgemeiner politischer Opportunitätsabwägungen gerät.

120

Allerdings verbleiben den Behörden auch bei präzisen gesetzlichen Vorgaben immer noch gewisse Handlungsspielräume, von denen nur teilweise und sehr zögerlich Gebrauch gemacht wird. Zwei Beispiele können dies verdeutlichen:

☐ Selbst für das Sozialamt, das als typische bürokratische Organisation bezeichnet werden kann, verbleiben Handlungsspielräume, durch Orientierung an Betroffenen und anderen UmweltpartnerInnen Verbesserungen herbeizuführen, ohne den Gesetzgeber zu bemühen. Man kann z.B. die Zeiten des Parteiverkehrs dem Bedarf besser anpassen, mehr auf freundliche Behandlung der Betroffenen achten, die tristen äußeren Bedingungen für Wartende verbessern. Die Entscheidung über Hilfen in besonderen Lebenslagen nach dem Bundessozialhilfegesetz muß nicht, wie vielfach nach wie vor üblich, von den Verwaltungssachbearbeitern getroffen werden, sondern kann den SozialarbeiterInnen übertragen werden, die vor Ort die Lage der Betroffenen erkunden. Im Trierer Modell wird dies seit über 20 Jahren praktiziert (Kreutzer 1969; 1981; Kreutzer/ Kretzer 1975). Schließlich wäre es in größeren Städten durchaus hilfreich, wenn mehr Sozialämter bereit wären, ihre Arbeitsorganisation mehr mit den zuständigen Sozialdiensten abzustimmen: So dürfte es keine unüberwindliche Schwierigkeit bedeuten, die Zuständigkeit von Verwaltungssachbearbeitern nicht nach den Anfangsbuchstaben von KlientInnen festzulegen, sondern auf die Bezirke der SozialarbeiterInnen abzustimmen. Dies würde die Zusammenarbeit durchaus erleichtern. Es gibt also selbst in typischen Verwaltungsbehörden Handlungsspielräume, die Bedürfnisse und Interesse relevanter UmweltakteurInnen zu berücksichtigen - wenn man dies will.

Sozialamt

Handlungsspielräume

☐ Üblicherweise müssen Behinderte zahlreiche - bis zu 12 Sachbearbeiter - aufsuchen, um ihre rechtlichen Ansprüche einzulösen. Man könnte die Beratung von Behinderten und die Genehmigung von Hilfen auch durchaus in einer Hand vereinigen. Dies ist eine Frage der Organisation. Man bräuchte dann zwar besser qualifizierte und bezahlte MitarbeiterInnen, die den gesamten Bereich von Hilfen und Förderungsmaßnahmen für Behinderte überblicken. Den sozialpädagogischen Fachkräften könnte man für die technische Abwicklung Verwaltungssachbearbeiter zuordnen. Vermutlich würden die Mehrkosten durch eine Reduzierung der Reibungsverluste mindestens ausgeglichen.

Hilfe für Behinderte

Definieren Gesetzgeber sachliche, d.h. standardisierbare Dienstleistungen z.B. Versorgung mit Gas, Wasser, Elektrizität, Entsorgung von Müll, Abwässern usw., so können die Träger solcher Einrichtungen die Organisationsform nach Gesichtspunkten der Zweckmäßigkeit wählen, was sie eher mit Verzögerung auch tun.

Noch einmal anders liegen die Verhältnisse, wenn die Gesetzgeber durch gesetzliche Regelungen in Lebens- und Problembereiche eingreifen, die nur oder überwiegend prozeßorientierte Verfahrensweisen notwendig machen. Darauf gehe ich im Zusammenhang der Kombinationen des NOM ein.

NutzerInnen als UmweltakteurInnen?

Eine besondere Problematik mit der Umweltorientierung ergibt sich, wenn NutzerInnen und Professionelle nicht nur unterschiedliche, sondern sogar gegensätzliche Vorstellungen von der Problembewältigung haben. Zwei Beispiele können zeigen, wo die Probleme liegen:

Heilpädagogischer Hort

❑ Hier nehme ich noch einmal das Beispiel des heilpädagogischen Horts auf. Verhaltensstörungen von Kindern in heilpädagogischen Tagesstätten hängen regelmäßig mit den familiären Verhältnissen zusammen. Eine Minderung oder gar Behebung der Verhaltensstörungen ist deshalb auf intensive Mitarbeit der Eltern angewiesen.

Häufig entziehen sich aber die Eltern der von den Erziehungsprofis abverlangten Kooperation, weil sie die Offenlegung der und die Auseinandersetzung mit ihren persönlichen Problemen scheuen. Soll man in dieser Situation die heilpädagogische Behandlung verweigern, weil sie mangels der elterlichen Mitarbeit nur geringe oder keine Erfolgsaussichten hat?

Süchtige

❑ Für viele Süchtige, Alkohol- und Drogenabhängige, bietet die Droge die Möglichkeit, einen gewissen Abstand zu bestimmten Lebensproblemen herstellen und sie damit überhaupt ertragen zu können. Sollen Therapien erfolgreich sein, so müssen sie plausible Rezepte anbieten, mit denen Betroffene ihre Lebensprobleme besser bewältigen können als durch Drogen. Professionelle Drogenarbeit verfügt normalerweise nicht über solche Rezepte, nimmt den Betroffenen mit der Droge auch noch den einzigen Tröster. "Freiwillige" Teilnahme an einer Therapie bedeutet deshalb real meistens nicht den Wunsch, clean zu werden, sondern das im Vergleich zum Strafvollzug kleinere Übel zu wählen. Die Rückfall- bzw. Mißerfolgsquoten in der Drogenarbeit sprechen eine deutliche Sprache. Soll man in dieser Situation professionelle Drogenarbeit fortsetzen oder unterlassen? Verdeckt sie nicht mit Therapie offensichtliche Hilf- und Aussichtslosigkeit? Sind 80% Rückfälle der (zusätzliche) Preis für eine Erfolgsquote um 20%? Oder wäre es in dieser Situation nicht sinnvoller, mangels besserer Lösungen die Droge als notwendiges Übel hinzunehmen?

Die Beispiele sollen verdeutlichen, daß die Orientierung an den Wünschen der NutzerInnen im sozialen Bereich nicht bruchlos erfolgen kann. Sollen soziale Einrichtungen die Willensäußerungen ihrer KlientInnen auch dann respektieren, wenn sie gesellschaftlichen Normen und Werten in eklatanter Weise widersprechen? Wie soll man gesellschaftliche Normen und Werte bei Menschen mit andersartigen Sichtweisen gegen deren Willen zur Geltung bringen?

ROM + geregelte Konfliktaustragung

Wir bleiben vorerst beim Problem der Starrheit und mangelnden Flexibilität von Organisationen, die nach dem Muster des ROM organisiert sind, und wenden uns Möglichkeiten der Veränderung zu. Ein sinnvoller Zugang liegt im offensiven Umgang mit sozialen Konflikten.

122

Jede umfangreiche von oben verordnete Organisationsveränderung erzeugt zunächst Ängste und Widerstände bei den Beteiligten, weil nachteilige Folgen für die eigene Person befürchtet werden, z.B. Stellenabbau, Umsetzung in andere unerwünschte Tätigkeiten in der Organisation (Schwarz 1994:56 ff.) D.h.: Organisationsveränderungen stören, durchkreuzen die teilweise mühsam erreichten, individuell ausbalancierten Lebensverhältnisse der Beteiligten. Schon aus diesem Grunde ist es zweckmäßig, nicht mehr neue Dynamik als nötig von oben oder außen in die Organisation zu tragen, sondern die vorhandene Dynamik für Veränderungen zu nutzen, d.h. latente und/ oder manifeste soziale Konflikte aufzunehmen, zu analysieren und mit den Beteiligten systematisch nach Verbesserungen der Situation zu suchen. Dies ermöglicht

Verordnete Organisationsveränderung

❏ die Bereitschaft der Beteiligten an Veränderungen mitzuwirken, da ihr Interesse an einer Minderung der Konflikte plausibel ist,

❏ Spannungsabbau,

❏ Verminderung oder Beseitigung von Blockaden für produktive Arbeit,

❏ produktive Nutzung der Energien und Ressourcen der Beteiligten,

❏ Zuwächse bei der MitarbeiterInnenbeteiligung.

Nutzung der Konfliktdynamik

Wenn soziale Konflikte nicht einfach von einer leitenden Person, wie im ROM üblich, entschieden, sondern von Beteiligten, gegebenenfalls mit Hilfe eines Beraters/einer Beraterin ausgetragen werden, verändert sich sowohl die Rolle der Leitungspersonen als auch die Rollen der Beteiligten. Die Leitungspersonen geben übliche Zuständigkeiten der Konfliktlösung mindestens teilweise ab. Die Beteiligten verlassen mindestens zeitweise ihre vorherrschend ausführenden, nur arbeitsbezogenen Tätigkeiten und werden mehr zu handelnden, mitgestaltenden Subjekten. Es findet also eine Veränderung des grundlegenden Konzepts des ROM statt: Das alleinige Recht der Organisationsspitze, die Organisation zu gestalten, wird relativiert. Andere Beteiligte werden zu MitgestalterInnen.

ROM + Maßnahmen zugunsten des Wohlbefindens

Als Schwäche des ROM gilt, daß es wenig Raum läßt für nicht arbeitsbezogene, menschliche Grundbedürfnisse, die für das Wohlbefinden der Beteiligten wichtig sind. Maßnahmen, die für solche Grundbedürfnisse Raum schaffen, können die Beziehungen zwischen Beteiligten und Organisation, z.B. das Betriebsklima und die Identifikation mit der Organisation verbessern. Es geht also darum, Räume im wörtlichen, zeitlichen und sozialen Sinn für die Befriedigung menschlicher Grundbedürfnisse zu schaffen, z.B. für Kommunikation durch Pausen, entsprechende Aufenthalts- und Serviceräume, angenehme Kantinen, nicht Abfütterungsstätten. Derartige Maßnahmen können ein Gegengewicht gegen das überzogene Rationalitätsdenken in der Organisation schaffen und Defizite in der Befriedigung menschlicher Grundbedürfnisse mindern. Solche Maßnahmen zeigen, daß Beteiligte nicht nur als "arbeitende Hände", sondern als Personen ernst genommen werden. Auch solchen Maßnahmen liegt also eine veränderte Einstellung zu den Beteiligten zugrunde.

Befriedigung menschlicher Grundbedürfnisse

ROM + Delegation von Entscheidungsbefugnissen

Delegation

Wir haben stets unterschieden zwischen der Lokalisierung von Entscheidungs- und Kontrollbefugnissen und der Art der Entscheidungsfindung. Die Delegation von Entscheidungsbefugnissen kann vorgenommen werden, ohne den hierarchischen Aufbau in Organisationsebenen grundsätzlich in Frage zu stellen; sie berührt jedoch das Herzstück des ROM, sofern die Bündelung von Entscheidungs- und Kontrollbefugnissen an der Organisationsspitze zentraler Bestandteil der normativen Struktur ist. Implizit vollzieht sich mit der Delegation der Entscheidungsbefugnisse gleichzeitig eine höhere Einschätzung/Bewertung der Beteiligten auf den nachgeordneten Organisationsebenen. Ihnen werden nun selbständige Entscheidungen zugetraut und anvertraut. Delegation beinhaltet:

Folgen für ROM

❑ Macht- und Verantwortungsgewinn der unteren und mittleren Führungskräfte,

❑ Machtverlust und Verantwortungsverlust der Organisationsspitze,

❑ Änderung des Profils der Management- und Führungstätigkeiten,

❑ wahrscheinlich eine Aktivierung der betroffenen Führungskräfte, die einem besonderen Erwartungs- und Beobachtungsdruck ausgesetzt sind,

❑ Bedeutungszuwachs von funktionaler Autorität im Sinne von fachlicher Qualifikation bei Entscheidungen,

❑ voraussichtliche Forderungen nach Gehaltserhöhungen und besseren Arbeitsmitteln (Bürogröße, Ausstattung, Ressourcennutzung usw.),

❑ u.a.

Die Delegation von Entscheidungen ist innerhalb des Denkansatzes des ROM durchaus möglich und hat tatsächlich wegen der zunehmenden Komplexität und Differenzierung von Betrieben und Verwaltungen bereits vielfach stattgefunden. So verfügen z.B. in größeren Konzernen Direktoren und Abteilungsleiter mittlerweile meistens über erhebliche Entscheidungsbefugnisse. Die bloße Delegation von Entscheidungen ändert weder etwas am Ein-Mann-Prinzip, d.h. daß Entscheidungen stets von einer Person getroffen werden (Ausnahme: Vorstand), noch am autoritären Charakter der Entscheidung.

ROM + kooperative Entscheidungsfindung

– Bündelung der Entscheidungs- und Kontrollbefugnisse an der Organisationsspitze

– autoritäres Ein-Mann-Prinzip

*Qualitativer Sprung
mit der kooperativen
Entscheidungsfindung*

Allerdings vollzieht sich eine qualitativer Sprung, wenn man von der Delegation von Entscheidungen zu kooperativen Formen der Entscheidungsfindung fortschreitet: Mit der kooperativen Entscheidungsfindung zieht ein anderes Managementkonzept in die Organisationen ein, mit dem eine Reihe wichtiger Implikationen verbunden sind:

❑ Das Ein-Mann-Prinzip der Entscheidung wird abgelöst durch Entscheidungen unter Beteiligung aller vom Gegenstand Betroffenen.

❑ Damit werden die Beteiligten als verantwortliche, nicht nur ausführende, sondern mitgestaltende Personen aufgewertet und akzeptiert.

❑ Funktionale Autorität im Sinne fachlicher Qualifikation erhält den Stellenwert, der ihrer Bedeutung entspricht.

❑ Mit kooperativen Entscheidungsformen werden zwangsläufig in erheblichem Umfang Aushandlungsprozesse notwendig,

❑ so daß Kommunikationsprozesse auch horizontal institutionalisiert werden müssen.

❑ Führungs- bzw. Managementtätigkeiten verlagern sich von Weisung, Kontrolle und Einzelentscheidung schwerpunktmäßig auf kommunikative Tätigkeiten und Qualifikationen.

❑ Die Beteiligung an Entscheidungsprozessen verteilt sich auf zahlreiche Beteiligte; es entsteht eine eher flache Hierarchie.

❑ Die genannten Veränderungen können nur erfolgen, wenn die normative Struktur zugunsten von Aushandlungsprozessen zurückgebildet wird: So viel Regeln wie funktional nötig, so viel Aushandlungsspielräume wie möglich. Regeln sichern Berechenbarkeit, Aushandlungsspielräume Flexibilität.

❑ Insgesamt erfolgt auf diese Weise eine umfassende Mobilisierung der in den Beteiligten steckenden Ressourcen. Es ist mit Aktivierung, zunehmender Identifikation der Beteiligten, mit Abnahme der in Kap. 4 genannten Folgen bloß aufgabenbezogener Einbeziehung zu rechnen.

Eine vergleichende Gegenüberstellung bedeutsamer Managementtätigkeiten in den drei Organisationsmodellen zeigt Abbildung 32.

Bedeutsame Managementtätigkeiten

ROM	NOM	OOM
• Arbeitsmittel beschaffen • Personal beschaffen • planen • Ressourcen beschaffen • Organisation nach außen vertreten • Rechnungswesen überwachen • Kooperation mit Partnern von außen organisieren	• Arbeitsmittel beschaffen • Personal beschaffen • planen • Ressourcen beschaffen • Organisation nach außen vertreten • Rechnungswesen überwachen • Kooperation mit Partnern von außen organisieren	• Arbeitsmittel beschaffen • Personal beschaffen • planen • Ressourcen beschaffen • Organisation nach außen vertreten • Rechnungswesen überwachen • Kooperation mit Partnern von außen organisieren
• Organisationsziele bestimmen • Teilziele und Arbeitsaufgaben bestimmen und kontrollieren • Arbeitsabläufe regeln • Probleme lösen, Konflikte entscheiden	• Mitarbeiter an Zielfindung beteiligen • Arbeitsaufgaben mit Beteiligten aushandeln • Arbeitsabläufe aushandeln und koordinieren • Konfliktbearbeitung betreiben, veranlassen	• Mitarbeiter an Zielfindung beteiligen • Arbeitsaufgaben mit Beteiligten aushandeln • Arbeitsabläufe aushandeln und koordinieren • Konfliktbearbeitung betreiben, veranlassen
	• Personalentwicklung vorantreiben • Mitarbeiter an Entscheidungsfindung beteiligen • Kooperation zwischen Mitarbeitern fördern • Fort- und Weiterbildung organisieren	• Personalentwicklung vorantreiben und fördern • Mitarbeiter an Entscheidungsfindung beteiligen • Kooperation zwischen Mitarbeitern fördern • Fort- und Weiterbildung Organisieren
		• Personalentwicklung vorantreiben • Controlling • Umweltbezüge analysieren und für Organisation umsetzen • Umweltbezogene Organisationsentwicklung organisieren
Organisation+Entscheidung	Organisation+Kommunikation	Organisation+Kommunikation +Umweltbezug

Abb. 32

126

Mit der Einführung kooperativer Entscheidungsfindung gehen also zahlreiche wichtige Veränderungen einher, die neben anderen Vorzügen auch die Flexibilität und Handlungsfähigkeit der Organisation und ihrer einzelnen Untergliederungen nach innen und außen gewährleisten.

Mir sind mehrere auch größere Heilpädagogische Tagesstätten bekannt, deren Struktur dem dargestellten Modell nahe kommt:

❏ Es gibt LeiterInnen.

❏ Anstehende Probleme werden in Gesamtteams besprochen. Einzelentscheidungen der LeiterInnen sind selten.

❏ Arbeitsteams planen die Arbeit für ihre Gruppen mit verhaltensgestörten Kindern selbständig und kooperativ auf der Grundlage fachlicher Qualifikation.

❏ Die oben genannten Kriterien sind hier erfüllt.

Heilpädagogische Tagesstätten

Die mit kooperativer Entscheidungsfindung einhergehenden umwälzenden Veränderungen können nicht im Hauruckverfahren in Organisationen, die nach dem Muster von ROM konzipiert sind, übernommen werden. Diese Umstellung ist auf mehrere Phasen zu verteilen. Sowohl Führungspersonen als auch die anderen Beteiligten müssen sich erst individuell auf die Veränderungen einstellen und gruppenweise in funktionierende Kooperationsbeziehungen hineinfinden. Mit erheblichen Schwierigkeiten bei vielen MitarbeiterInnen ist zu rechnen. Den einen dürfte der Abschied von einsamen Entscheidungen ähnlich schwer fallen wie die aktive Übernahme von Verantwortung den anderen. Längere Übergangsphasen von 2 bis 5 und mehr Jahren, je nach Ausgangslage, sind nicht zu umgehen.

Allmähliche Veränderung

Mit der Einführung kooperativer Entscheidungsfindung verändert sich das ROM zu einer Form des OOM.

Fazit:

Unser Ausgangspunkt in diesem Abschnitt: Das ROM eignet sich für Ziele, die mit standardisierten, jedenfalls standardisierbaren Verfahren erreicht werden können; es weist eine Reihe von Schwächen auf, die durch Kombination mit Bausteinen anderer Modelle ausgeräumt oder wenigstens vermindert werden sollen. Einige Folgerungen können gezogen werden:

Einige Forderungen

❏ Öffentliche Behörden mit Schwerpunkten bei Ordnungs- und Verwaltungsaufgaben sind lediglich Vollzugsorgane, arbeiten mit der Vorgabe differenzierter Ziele und Regeln und können deshalb nur in geringem Maße über Ziele und Verfahrensweisen durch Interpretation und Handhabung mitbestimmen. Orientierung an betroffenen Bürgern kann deshalb nur in geringem Umfang die Organisations- und Handlungsform, die auf Durchsetzung von Herrschaft ausgerichtet ist, beeinflussen. Gewisse Handlungsspielräume bestehen dennoch, was die Beispiele Sozialamt und Beratung von Behinderten verdeutlichen. Würden die bestehenden Möglichkeiten genutzt, so wäre bereits viel gewonnen. Inhaltliche Verbesserungen können auf diesem Weg allerdings nicht erreicht werden.

❑ Unbegrenzt können gewinnorientierte Organisationen von den Bausteinen Gebrauch machen.

❑ Es zeichnet sich ab, daß einige Bausteine, wie beschrieben, einzeln, andere wegen der inhaltlichen Verflechtung nur im Verbund mit anderen eingeführt werden können.

❑ Man kann die Bausteine als stufenweise Organisationsentwicklung verstehen und nach einem auf die konkreten Bedingungen vor Ort abgestimmten Ablaufplan umsetzen.

Kombinationen des NOM mit Bausteinen aus anderen Modellen

Mängel

...Qualitäten von NOM

Auch bei den Kombinationen des NOM mit Bausteinen aus den anderen Modellen gehe ich von den Schwächen des NOM aus. Ich orientiere mich weiter daran, daß das NOM seine besonderen Qualitäten erstens bei Problemen entfaltet, für deren Lösung/Bewältigung weder eine konkrete Zielvorstellung noch genaue Verfahrensweisen bekannt sind. Dies ist häufig in sozialen Einrichtungen aber auch andernorts der Fall. Zweitens eignet sich das NOM für Ziele, für deren Bewältigung prozeßorientierte Arbeitsabläufe erforderlich sind.

NOM + Umweltorientierung

Anders als das ROM ist das NOM flexibel. Die organisationsinternen Aushandlungsprozesse ermöglichen interne Veränderungen. Während in gewinnorientierten Produktions- und Dienstleistungsbetrieben die NutzerInnenkontrolle durch den Marktmechanismus vorangetrieben wird, fehlte ein vergleichbarer Druck in den öffentlichen und privaten Dienstleistungsorganisationen bisher, weil die NutzerInnen über keine Sanktionsmittel verfügen.

Selbstbezug als Problem

Hier war und ist häufig ein überzogener Selbstbezug zu finden, d.h. die MitarbeiterInnen beschäftigen sich in ungewöhnlichem Ausmaß mit ihren eigenen Interessen. NutzerInnen befinden sich in zahlreichen öffentlichen, quasi öffentlichen und privaten Einrichtungen des Sozial-, Bildungs- und Gesundheitswesens - und nicht nur dort - in der Situation von KlientInnen = Abhängigen, dem aktuellen Angebotsdiktat auf Gedeih oder Verderb ausgeliefert.

neue Impulse

Seit einigen Jahren verändert sich diese Situation langsam aber stetig. Unter anderem nötigen die Verknappung der benötigten finanziellen Ressourcen, die steigenden Ansprüche der NutzerInnen an die Qualität von Produkten und Dienstleistungen sowie in diesem Zusammenhang die ebenfalls zunehmenden Anforderungen an berufliche Qualifikationen immer mehr öffentliche und private Institutionen, ihr Tun und Lassen zu überdenken. Konzepte und Techniken des Qualitätsmanagement, der Organisations- und Personalentwicklung, der Finanzierung, des Controlling, des Marketing u.a. finden Eingang in den öffentlichen und privaten Dienstleistungsbereich und stellen das Instrumentarium bereit, mit dem für notwendig erachtete Veränderungen in Angriff genommen werden. In diesem Zusammenhang gewinnen die NutzerInnen und KundInnen – gemeint sind hier auch die Kostenträger - als EmpfängerInnen

Kundenorientierung als Bezugspunkt

von Produkten und Dienstleistungen immer mehr an Bedeutung; sie werden zu Bezugspunkten für

- ❑ die Bestimmung der Ziele,
- ❑ die Festlegung der Leistungen,
- ❑ die Erarbeitung zielführender Arbeitsabläufe,
- ❑ die Arbeitsteilung,
- ❑ die Verteilung der Entscheidungsbefugnisse,
- ❑ die dafür benötigten Organisationsformen,
- ❑ die Gestaltung der Finanzierung,
- ❑ die Öffentlichkeitsarbeit und das Marketing,
- ❑ u.a.

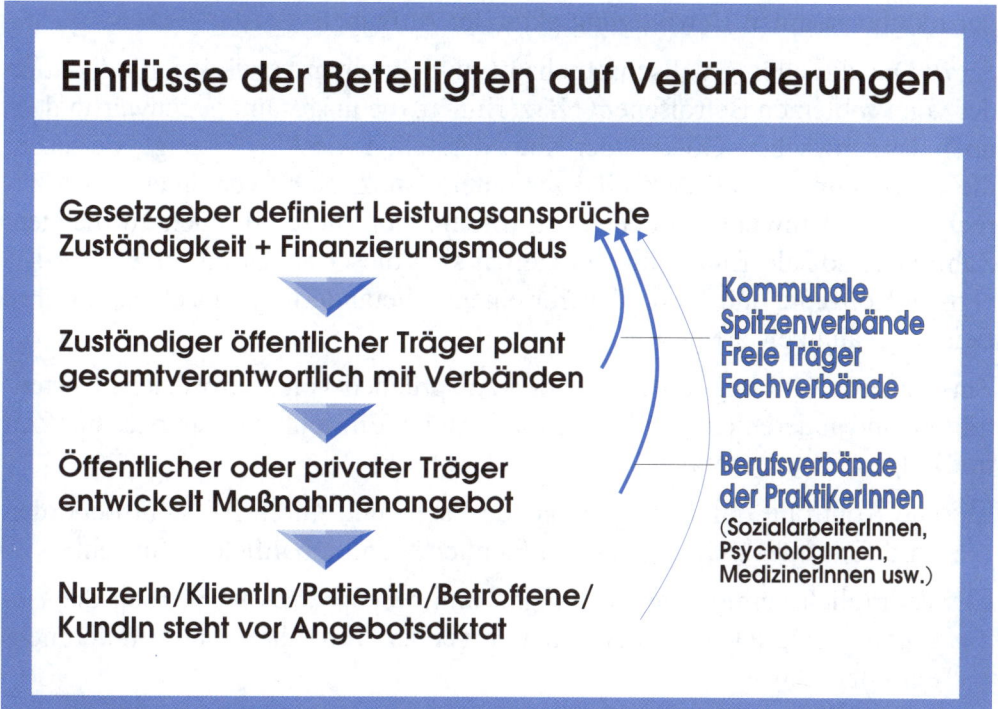

Abb. 33

Gesetznovellierungen wie z.B. im Kinder- und Jugendhilfegesetz (KJHG) und im Bundessozialhilfegesetz (BSHG) werden in nächster Zeit mehr oder weniger alle sozialen Einrichtungen dazu nötigen, Qualitätssicherung und Qualitätsmanagement einzuführen.

Druck durch BSHG + KJHG

Andere Formen der Kontrolle, z.B. durch die zuständigen, verantwortlichen Fachbehörden und Einrichtungen, z.B. durch die Heimaufsicht oder den Medizinischen Dienst der Krankenkassen (MDK) entwickeln sich zunehmend zu wirklichen Kontrollorganen.

Verschärfung der Kontrolle

Im Unterschied zu *herrschaftsorientierten Behörden* haben die meisten öffentlichen und privaten *Dienstleistungseinrichtungen* des Gesundheits- und Sozialbereichs die Möglichkeit, Ziele, Handlungsmuster und Organisationsform ihrer Einrichtungen selbst wesentlich mitzugestalten. Die Gesetzgeber (Bundestag, Landtage, Kreistage, Gemeinderäte) legen für die einzelnen Auf-

Konkretisierung der Ziele als Mitgestaltung

gabenbereiche, z.B. für viele soziale Arbeitsfelder nur allgemeine Ziele und die Rahmenbedingungen fest und übertragen den öffentlichen Fachbehörden und freien Trägern – mit erheblichen Dispositionsspielräumen - die konkretisierende Auslegung und Operationalisierung, um *maßgeschneiderte individuelle Hilfe* zu ermöglichen. Durch neue Finanzierungsmodi und die geforderte

Impulse aus QM + Budgetierung

Qualitätssicherung werden diese Gestaltungsmöglichkeiten zugleich erweitert und begrenzt: Die Budgetierung erweitert sowohl die Verantwortung als auch die Dispositionschancen in finanziellen Dingen. Qualitätssicherung / Qualitätsmanagement lenkt die Gestaltung in eine bestimmte Richtung. Durch diese Entwicklungen werden die beiden Legitimitätsgrundlagen *Herrschaftsanspruch des Staates* und *fachliche Qualifikation* immer enger mit einander verknüpft, so daß sie tatsächlich zwei Aspekte ein – und derselben Sache sind: der möglichst guten Bewältigung aktueller Aufgaben.

Aktuelle Situation im Sozialbereich

Fazit: Die aktuellen gesellschaftlichen Entwicklungen verstärken die Position der von Problemen Betroffenen/ NutzerInnen, die insgesamt gegenwärtig dennoch das schwächste Glied in der Kette darstellen wie Abb.33 zeigt; sie setzen die Einrichtungen und deren Träger unter Druck, sich gegenüber den – berechtigten – Umweltansprüchen zu öffnen, sich diese zu eigen zu machen. Zahlreiche soziale Einrichtungen stellen sich dieser Situation, indem sie geeignete Konzepte und Methoden zur eigenen Veränderung einsetzen und ihre Leistungsfähigkeit steigern.

...künftige Entwicklung

Zur weiteren Öffnung gegenüber den Ansprüchen von Betroffenen, Kostenträgern und anderen Kunden haben die sozialen Einrichtungen in nächster Zeit mit Folgendem zu rechnen:

❑ Die Kontrolle durch genehmigende Fach- und durch Aufsichtsbehörden wird sich intensivieren, auch in fachlicher und inhaltlicher Hinsicht.

❑ Vertraglich vereinbarte Leistungen und deren Kontrolle werden die Gestaltungsmöglichkeiten der freien Träger der Wohlfahrtspflege immer mehr einschränken.

❑ Durch Qualitätsmanagement und Leistungsverträge nimmt die Transparenz der Angebote zu; damit gewinnen marktwirtschaftliche Elemente, d.h. auch Konkurrenz und in diesem Zusammenhang die NutzerInnenkontrolle und darauf bezogene neue Konzepte an Bedeutung (Freier 1989; 1991; Hegner 1990; 1991). Die Hauptarbeit, praktikable Modelle der NutzerInnenkontrolle ausfindig zu machen, zu entwickeln und zu erproben, steht noch bevor.

❑ Die Kontrolle durch die Betroffenen in der Form von Selbstbestimmung und Mitwirkung bei persönlichen Problemlagen wird weiter zunehmen und durch gesetzliche Vorgaben Unterstützung erfahren.

Selbsthilfe + Selbstorganisation

❑ Selbstbestimmung und Selbstorganisation der Betroffenen in der Form von Selbsthilfeinitiativen wird weiter zunehmen, mehr öffentliche Unterstützung und rechtliche Absicherung gegenüber den Experten erhalten sowie als Ergänzung zu und als Kooperationspartner und Korrektiv von professionellen Diensten ihren Platz im System sozialer Hilfen gewinnen. Lang-

jährige Erfahrungen und neuere Untersuchungen zum Thema (Trojan 1986, Engelhardt/Simeth/Stark 1995, Bachl/ Büchner/ Stark o.J.) belegen die Leistungen von Selbsthilfeinitiativen. Selbstbestimmte Arbeit an den eigenen Problemen in Gruppen

*...eröffnen
neue Perspektiven*

- aktiviert die Teilnehmer,

- entwickelt ihre Kompetenzen, bringt bisher brachliegende Ressourcen ein,

- ermöglicht problem- und lebensweltnahe Bewältigung von Problemen,

- verbindet spezialisierte und ganzheitliche Problembewältigung,

- verbessert durch Verständnis, Anerkennung und Schutz in der Gruppe das individuelle Wohlbefinden,

- begünstigt die Entwicklung neuer Lebensperspektiven,

- erweitert das Problemlösungsspektrum durch emotional-biographische Zugänge und durch Innovationen für alte und neue Probleme,

- mündet ein in die Sammlung von Erfahrungswissen und

- stellt damit die Grundlagen für nachfolgende Professionalisierung in neuen Problem- und Arbeitsfeldern bereit.

NOM + Organisationskultur

Organisationen nach dem Muster von NOM weisen nur relativ wenig formalisierte Regeln und Kontrollformen auf. Damit wächst den Beteiligten die weitgehend eigenverantwortliche Wahrnehmung der Arbeitsaufgaben zu. Beteiligte können mit dieser Erwartung/Aufgabe in mehreren Hinsichten überfordert sein:

❏ Es gibt Beteiligte, die nur zur Arbeit nach genauen Vorgaben in der Lage sind, weil ihre intellektuellen, sozialen und psychischen Fähigkeiten zu mehr nicht ausreichen; sie brauchen das ROM in einer traditionellen Variante.

Überforderungen

❏ Es gibt eine zweite Kategorie von Beteiligten, die leistungsfähig und -willig aber überfordert sind, wenn sie sich stets in den Aushandlungsprozessen „verkaufen" und durchsetzen müssen. Solche Beteiligte brauchen das ROM, das ihnen durch genaue Regelungen Schutz und Sicherheit bietet, ihre Fähigkeiten zu entfalten.

❏ Es gibt Beteiligte, die trotz Leistungsfähigkeit nicht über das notwendige Potential zur eigenverantwortlichen Organisation ihrer Arbeitsaufgaben verfügen und die bestehenden Handlungsspielräume zum Nichts- bzw. Wenigtun mißbrauchen.

Den LeserInnen werden hinreichend Praxisbeispiele zu den drei Überforderungsformen einfallen. Es zeigt sich zunächst, daß Organisationsmodelle wie das NOM und noch stärker das OOM besonders hohe Anforderungen an die fachlichen und persönlichen Qualifikationen ihrer Beteiligten stellen, die in

*Hohe Qualifikations-
ansprüche in NOM
und OOM*

den letzten Jahrzehnten aus mehreren Gründen gestiegen sind und weiter steigen werden: Im Wettbewerb mit anderen differenzieren, verfeinern und optimieren Organisationen ihre Instrumente immer weiter, um sich behaupten zu können; dabei schrauben sie auch ihre Anforderungen an ihre MitarbeiterInnen immer höher. Immer mehr Beschäftigte sind dieser *Qualifikationsschraube*, die zum gesellschaftspolitischen Problem wird, nicht mehr gewachsen. Man wird diese Beteiligten/ArbeitnehmerInnen, gerade weil sie immer mehr werden, nicht einfach aussortieren können, weder aus menschlichen noch aus ökonomischen Gründen. Da es sich Industriegesellschaften wie die Bundesrepublik mit einem riesigen Exportanteil heutzutage ebensowenig leisten können, sich aus dem internationalen Wettbewerbskarussell auszuklinken, wird man wohl über ein zweigliedriges Arbeitssystem nachdenken müssen: eines das an Wettbewerb und Markt orientiert ist und eines, das sich an den Fähigkeiten der nicht oder nicht mehr marktfähigen Personen ausrichtet, mit niedrigeren Löhnen arbeitet und möglicherweise auch etwas subventioniert wird. Organisationsformen nach dem Leitbild von ROM kommen für diese nicht marktfähige Personengruppe in Frage. Schwierig ist vor allem die Beziehung zwischen den beiden Teilsystemen der Arbeitsorganisation zu gestalten. Die anstehenden Probleme können nur politisch und organisatorisch gelöst werden.

Pflege der Organisationskultur

Die Entwicklung und Pflege der Organisationskultur kann für die zuletzt genannte Form der Überforderung - durchaus systemkonform - Abhilfe bzw. Minimierung bieten:

Wirkungen

❑ indem sie Möglichkeiten der Identifikation,

❑ damit Zielbindung und

❑ informelle Kontrolle schaffen.

So schwierig es sein mag, Organisationskultur zu entwickeln, so vielseitig sind ihre positiven Auswirkungen (E.G.Fehlau 1994), die zwar allenfalls teilweise quantifiziert aber dennoch wahrgenommen und beschrieben werden können.

Formalisierung im NOM

Organisationen nach dem Leitbild von NOM und Selbsthilfeinitiativen teilen die Abneigung gegenüber formalisierten Strukturen. Selbsthilfeinitiativen formalisieren ihre Strukturen eher widerwillig, wenn die äußeren Umstände z.B. Finanzierungsmodalitäten sie dazu nötigen. Trotzdem kommt es aufgrund starker Nachfrage von Betroffenen zu Institutionalisierungsprozessen in Selbsthilfeinitiativen, was ich in München seit etwa 10 Jahren beobachte und was aus Abbildung 17 und der dazugehörigen Erläuterung zu ersehen ist. Regelmäßig werden dann Formen der Arbeitsteilung, der Entscheidungsfindung, für Arbeitsabläufe usw. entwickelt. Formalisierte Regeln in Organisationen sind normal und funktionsnotwendig, um die Arbeitsaufgaben mit einem noch tolerierbaren Anteil an Pannen zu erledigen. Oder anders ausgedrückt: Es kann durchaus viel arbeitsaufwendiger und ineffizient sein, sich weitgehend auf Aushandlungsprozesse zu stützen statt mit bescheidenen Formalisierungsformen zu fahren.

Umweltorientierung und Formalisierung

Meine These ist: Organisationen, die sich wegen ihres Gebrauchswerts für NutzerInnen in der Gesellschaft behaupten, entwickeln auch eine normative

132

Struktur nach Bedarf. Dies kann sich sehr wohl noch im Rahmen des NOM vollziehen. Dieser Rahmen wird erst dann verlassen, wenn die Regelung von Entscheidungen und Arbeitsabläufen maßgeblich von formalisierten Strukturen geprägt wird. Bleibt man bei den Zielen, für die das NOM geeignet ist, so wird die normative Struktur stets nur einen allgemeinen Rahmen bilden können, in dem die Ziele weitgehend durch Aushandlungsprozesse unter den Beteiligten verfolgt werden. Eine ausgeprägte normative Struktur und das NOM sind unvereinbare Gegensätze. Mit der eindeutigen Priorität der Verhaltensstruktur ist das NOM für die bereits genannten Zielformen nicht reformierbar.

Die eigentliche Schwierigkeit besteht darin, die für eine Organisation passende Mischung von formalisierter, normativer Struktur und Aushandlungsprozessen herauszufinden. Dies gilt z.B. für Jugendämter, deren Aufgaben teilweise standardisierte und teilweise prozeßorientierte Verfahrensweisen notwendig machen. Jede Reform von Jugendämtern muß sich diesem Sachverhalt stellen.

Passende Mischung

Immer wieder kann die gezielte Vermeidung oder Verhinderung formalisierter Strukturen beobachtet werden; sie kann erstens notwendig sein, weil eine Einigung der Beteiligten weder über Ziele noch über Verfahrensweisen möglich ist und nur das Nebeneinander verschiedener Konzepte die Organisation arbeitsfähig erhält. Dies dürfte auf viele Fachbereiche in Hochschulen zutreffen. Zweitens kann die Vermeidung formalisierter Regelungen = Verpflichtungen gezielt zum Schutz von Privilegien und pfründenartigen Verhältnissen oder persönlichen Interessen eingesetzt werden, die bei einem rationalen Regelungssystem nicht aufrecht zu erhalten wären. Der Unterschied zwischen den beiden Varianten kann gelegentlich fließend sein. Beide Konstellationen können sich auf Dauer nur behaupten, solange es keine nennenswerten Kontrollen durch Träger, Aufsichtsbehörden und/oder NutzerInnen gibt.

Gezielte Vermeidung formalisierter Strukturen

Fazit:

Durch die Bausteine "Umweltorientierung" und "Organisationskultur" könnten einige Schwächen des NOM ausgeglichen werden. In Verbindung mit diesen Bausteinen könnten vorhandene Ansätze zur Entwicklung der Beteiligten sowie zur Organisation eine besondere Profilierung und Systematisierung in Richtung auf Personal- und Organisationsentwicklung hin erfahren. Aber: NOM bleibt NOM mit der besonderen Eignung für Ziele, die prozeßorientiert verfolgt werden.

Ergänzungen des OOM

Das OOM ist das differenzierteste Organisationsmodell, weil es die ideologischen Fixierungen des ROM und des NOM vermeidet, ihre Impulse aufnimmt und produktiv zu nutzen sucht. Organisation wird hier in systemischer Sichtweise als Teil eines umfassenden Sozialgefüges gesehen, mit dem sie in Austauschbeziehungen steht. Diese sind der entscheidende Bezugspunkt, auf den hin die Elemente von Organisation instrumentalisiert und optimiert werden. Es interessiert:

Chancen durch das OOM

- [ ] wie die Ziele zu bestimmen sind,
- [ ] wie groß die Spielräume für Aushandlungsprozesse sein müssen,
- [ ] welchen Stellenwert Kommunikationsprozesse haben,
- [ ] wie Führung zu gestalten und zu verorten ist,
- [ ] wie differenziert und für welche Bereiche formalisierte Regeln benötigt werden,
- [ ] welche Beteiligten eingesetzt und wie ihre Kompetenzen optimal zu entwickeln sind,
- [ ] welche Technologie geeignet ist,

um die Austauschbeziehungen mit der Umwelt zu sichern oder auszubauen.

Ambivalenz der Offenheit

Die Offenheit der Organisation ist ambivalent. Erstens stellt sie für viele Organisationen die Voraussetzung dar, sich überhaupt behaupten zu können. Zweitens bedeutet Offenheit Vielfalt und durch stetigen Wandel Unsicherheit. Beides ist produktiv zu verarbeiten und zukunftsfähig zu bewältigen. Drittens kann dauernde Anpassung an Umwelt auch in Identitätsverlust einmünden, so daß der Entwicklung und Pflege der Organisationskultur besondere Bedeutung zukommt. Damit werden hohe Anforderungen an die Organisation gestellt. Aber: Individuen müssen Vielfalt und Unsicherheit auch außerhalb der Organisationen verkraften. Es gibt dafür keine bewährten Vorbilder oder Bausteine.

Verbesserungsbedürftig und verbesserungsfähig ist das OOM in zwei Hinsichten:

- [ ] Die positive Erwartungshaltung gegenüber den Beteiligten kann so stimuliert werden, daß sie in totale Ausbeutung einmündet.
- [ ] Die häufig demonstrierte Vorstellung/Ideologie: "Wir sitzen alle in einem Boot" ist nur eine Teilwahrheit, mit der Interessengegensätze und Konflikte ausgeblendet werden.

OOM + Umgang mit sozialen Konflikten

Konfliktblindheit

Alle drei Organisationsmodelle auch das OOM vernachlässigen strukturelle Konflikte. Viele OrganisationstheoretikerInnen und -entwicklerInnen zeichnen vorzugsweise ein verkürztes, harmonisches Bild der Organisation. Sie nehmen offensichtlich die latenten und manifesten Interessengegensätze nicht hinreichend zur Kenntnis, ersparen sich damit persönliche Belastungen, z.B. auch Auseinandersetzungen mit dem Auftraggeber, riskieren damit

Offensiver Umgang mit sozialen Konflikten

negative Folgeerscheinungen schwelender Konflikte und verschenken gleichzeitig produktive Ansatzpunkte und Ressourcen für Organisationsveränderungen. Demgegenüber plädiere ich für einen offensiven Umgang mit sozialen Konflikten, d.h. die Nutzung der in sozialen Konflikten erscheinenden Kräfte und neuen Ideen (vgl.Beck/Schwarz 1995).

Es gibt auch Konflikte. Unter diesem Motto könnte man den Stellenwert von Konflikten in der einschlägigen wissenschaftlichen Literatur zur Organisationstheorie und in der praktischen Organisationsentwicklung zusammenfassen. Ich würde mir wünschen, daß Konflikte zukünftig die Aufmerksamkeit

134

und Beachtung finden, die ihrer Allgegenwart in täglichen Abläufen entspricht. Sehr viele Konflikte beinhalten bereits Ansatzpunkte darüber, wie man zweckmäßigerweise mit ihnen umgehen kann, wie man sie bewältigen, manchmal auch lösen kann. Dieses produktive Potential sollte mehr genutzt werden. Grundsätzlich kann man zwei Grundformen von Konflikten unterscheiden:

❑ Beziehungskonflikte: Sie beziehen sich auf persönliche Merkmale und Empfindlichkeiten der KonfliktpartnerInnen, die entscheidend mit Gefühlen, Einstellungen und Bewertungen zu tun haben. *Beziehungskonflikte*

❑ Soziale Konflikte: Sie entstehen aus der Struktur sozialer Einheiten (Dahrendorf 1962), d.h.: Bestimmte strukturelle Vorgaben, z.B. Dienstanweisungen zwingen oder veranlassen Personen zu Verhaltensweisen, die Auseinandersetzungen mit ebenso strukturell bedingten Verhaltensweisen anderer nach sich ziehen. *Soziale Konflikte*

Beziehungskonflikte treten bekannterweise in allen sozialen Einheiten und natürlich auch in Organisationen auf. Zahlreiche Literaturbeiträge, OrganisationsberaterInnen, OrganisationsentwicklerInnen konzentrieren sich vor allem auf Beziehungskonflikte. Soziale, d.h. aus der Struktur erwachsende Konflikte werden sehr viel seltener thematisiert. Die Nutzung der produktiven und kreativen Kräfte von sozialen Konflikten in Organisationen ist eine noch weitgehend ungenutzte Ressource. In jedem Fall verbrauchen soziale Konflikte physische und psychische Energien. Es wäre also sinnvoll, diese Energien, die meistens in emotionalen Entladungen oder Grabenkämpfen verpuffen, durch produktive Austragung von sozialen Konflikten zur Veränderung von Organisationen zu kanalisieren. Dies sehe ich als noch zukünftige, wichtige Aufgabe von Organisationstheorie und praktischer Organisationsentwicklung, die in diesem Kontext nicht geleistet werden kann. Dennoch ist es im Zusammenhang von Organisationsmodellen, also Strukturen, unumgänglich, einige zentrale Erfahrungen über und Einsichten in soziale = strukturell verursachte Konflikte aufzugreifen: *Konflikte als Ressource*

❑ Hinter zahlreichen Konflikten, die als Beziehungskonflikte bearbeitet werden, verbergen sich bei genauerer Analyse personalisierte strukturelle Konflikte, z.B. zwischen Personen mit verschiedenen Aufgaben. Es ist deshalb durchaus lohnend, alle vermeintlichen Beziehungskonflikte, die erhebliche Belastungen für die Beteiligten und ihr Umfeld darstellen, sorgfältig zu prüfen, ob und in welchem Maße sie mit persönlichen Merkmalen und Empfindlichkeiten der KonfliktpartnerInnen zusammenhängen oder strukturelle Ursachen haben und personalisiert werden. Nur eine sorgfältige Analyse ermöglicht zielführende Verfahren der Konfliktbewältigung. Soweit sich hinter Beziehungskonflikten strukturell verursachte Konflikte verbergen, ist zunächst eine Versachlichung der Auseinandersetzung durch Offenlegung und Klärung des Konflikts herbeizuführen. Dann kann man zweitens nach einer problemangemessenen Form der Konfliktaustragung Ausschau halten oder, soweit das in Frage kommt, strukturelle Veränderungen in Betracht ziehen, die den Konflikt entschärfen oder besser: beseitigen. Klar ist jedenfalls: Schwelende Konflikte mit gelegentlichen Entladungen belasten die KonfliktpartnerInnen und ihre Umfelder und sind obendrein unproduktiv. *Strukturelle Konflikte*

135

❏ Strukturell bedingte Konflikte haben etwas mit unvermeidlichen Gegensätzen und Widersprüchen des sozialen Lebens zu tun; sie sind deshalb nur gelegentlich lösbar, d.h. zum Verschwinden zu bringen; häufiger können sie in ihren Auswirkungen gemindert werden, indem man durch Offenlegung und geregelte periodische Austragung des Konflikts die jeweils aktuellen Auswirkungen für die Beteiligten durch Vereinbarungen, d.h. Kompromisse erträglich macht.

Betriebliche Konflikt-formen

❏ Strukturell bedingte Konflikte können in sehr verschiedenen Formen auftreten. Die Typologie auf S. 137 stammt von Friedrich Fürstenberg (1964: 129). Sie kann die Vielfalt von sozialen Konflikten in Betrieben verdeutlichen.

❏ Soziale Konflikte haben eine Brückenfunktion,

– denn sie sind Ausdruck eines Zustands, der für die KonfliktpartnerInnen unbefriedigend und belastend ist,

– der als veränderungsbedürftig empfunden wird,

– und auf eine neue Konstellation hinweist, die noch nicht besteht, aber die typischen Situationsmerkmale der Konfliktsituation aufweist, also den Veränderungsbedarf kennzeichnet.

Konfliktanalyse

❏ An sozialen Konflikten können Strukturprobleme erkannt werden. Insofern stellt die Konfliktanalyse ein wichtiges Instrument der Organisationsanalyse dar. Systematische Konfliktanalyse kann einen Teil der veränderungsbedürftigen Strukturelemente offenlegen. Je nach Problemlage kann man notwendige Maßnahmen ergreifen: strukturelle Veränderungen z.B. in der Arbeitsteilung oder geeignete Formen geregelter Konfliktaustragung. Das Betriebsverfassungsgesetz stellt einen Rahmen für geregelte Konfliktaustragung dar. Organisationen sind gut beraten, für ihre spezifischen Verhältnisse eigene Modelle zu entwickeln, mit denen sie organisationsinterne strukturelle Konflikte bearbeiten können.

Blockaden für produktive Arbeit

❏ Da Konflikte die Beteiligten belasten und Blockaden für produktive Arbeit darstellen, sollte man bei der Entwicklung von Arbeitszusammenhängen darauf achten, daß sie möglichst wenig Konflikte erzeugen. Man weiß aus Erfahrung, an welchen Schnittstellen häufig soziale Konflikte auftreten. Also kann man solche Schnittstellen durch problemorientierte Kompetenzverteilung und klare Regelungen entschärfen, z.B. in arbeitsteiligen Strukturen oder bei der Verknüpfung unterschiedlicher Handlungskonzepte wie Fachhandeln und Verwaltungshandeln im Sozialbereich, medizinischer und psychologischer Denkmuster im Gesundheitsbereich und kaufmännischer und technischer Leitbilder in der Güterproduktion.

Typen innerbetrieblicher Konfliktursachen

Entstehungs-sektor	Beeinflußter Sektor der Sozialstruktur		
	Institutionelle Rahmenordnung	soziales Integrationsgefüge	Individuum
Institutionelle Rahmen-ordnung	Widersprüche in der Organisation, z.B. Kompetenz-streitigkeiten	Kommunikations-probleme ("Abteilungszäune") Mangelnde Kon-taktmöglichkeiten Mißachtung sozialer Tatbestände durch einseitig technisch-ökonomische Orientierung	Loyalitäts-probleme Normenkonflikte Übermäßiger "Betriebszwang" oder zu wenig bzw. unklare Anweisungen
Soziales Interaktions-gefüge	Spannungen zwischen formalen und informalen Verhaltensformen Spannungen zwischen Grup-penzielen und Betriebsziel Widerstand gegen Betriebsordnung	Gruppen-rivalitäten Spannungen zwischen Interes-sengruppen	Rollenkonflikte Spannungen zwischen formalen und informalen Verhaltensan-forderungen
Individuum	Anpassungs-probleme durch vorgeprägte Werthaltungen, Motivationsstruk-turen, soziale Vorurteile (z.B. Miß-achtung von Vor-schriften)	Anpassungs-probleme durch Verhaltensab-weichungen und soziale Vorurteile (z.B. soziale Isolierung)	Persönliche Rivalität, persönliche Feindschaft, persönliche Abwehrhaltung auf der Grund-lage sozialer Vorurteile

Quelle: Fürstenberg 1964: 129

Abb. 34

OOM + Verantwortungsethik gegenüber den Beteiligten

In Japan hat die Zunahme des Erschöpfungstodes am Arbeitsplatz große Bestürzung hervorgerufen und zu gegensteuernden Maßnahmen geführt. Wird der Einsatz der Gesamtpersönlichkeit für die Organisation erwartet, gefordert und gezielt stimuliert, so müssen die jeweiligen Vorgesetzten fähig und willens sein, im Interesse ihrer Beteiligten/MitarbeiterInnen deren physische und psychische Verausgabung und Überbeanspruchung zu verhindern; d.h. z.B. Arbeitsaufgaben und Überstunden zu beschränken, knappe Terminierungen zu verschieben oder durch zusätzlichen Ressourceneinsatz erträglich und vertretbar zu machen, sobald Erschöpfungszustände eintreten. Dies gilt primär für die außertariflichen MitarbeiterInnen, die trotz vertraglicher Arbeitszeitvereinbarungen den Anforderungen der Vorgesetzten mehr oder weniger schutzlos ausgesetzt sind. Trotz Erfolgsdruck und Karriereinteresse muß die Verantwortung gegenüber den Beteiligten gerade dann und deshalb Grundpfeiler der Arbeitsethik sein, sofern und weil mit den grundlegenden Prämissen modernen Managements die Grenzen der geschuldeten Arbeitsleistung verschwimmen und durch Personal- und Organisationsentwicklung immer mehr Leistungen aus den Beteiligten herausgeholt werden.

Literatur

Abele P. (1989): Organisations- und Teamentwicklung in der Sozialverwaltung. Theoretische Konzepte und Anwendungsmöglichkeiten. München.

Aberle D. (1950): The Functional Prerequisites. In: Ethics 1950, 100-111.

Bachl A./ Büchner B.R./ Stark W.(o.J.): Projekt C 22."Beratungskonzepte und Dienstleistungen von Selbsthilfe-Initiativen" Bayerischer Forschungsverbund Public Health – Öffentliche Gesundheit

Bahrdt H.P. (1958): Industriebürokratie. Stuttgart.

Bahrdt H.P. (1971): Die Krise der Hierarchie im Wandel der Kooperationsformen. In: Mayntz R. (Hrsg.): Bürokratische Organisation, 127-134. Köln und Berlin.

Ballon R.J. (1986): Wirtschaftliche Entscheidungsprozesse. In: Barloewen C.v./Werhahn-Mees K. (Hrsg.): Japan und der Westen. Band 2, 45-71. Frankfurt am Main.

Barloewen C.v./Werhahn-Mees K. (Hrsg.): Japan und der Westen. 3 Bände. Frankfurt am Main.

Bassarak H. (Hrsg. 1997): Modernisierung Kommunaler Sozialverwaltungen und der Sozialen Dienste. Düsseldorf.

Beck G. (1998): Controlling. Alling

Beck R./Schwarz G. (1995): Konfliktmanagement. München

Beck U.: Risikogesellschaft. Auf dem Weg in eine andere Moderne. Frankfurt am Main.

Becker H./Langosch I. (1990): Produktivität und Menschlichkeit. 3. Auflage, Stuttgart.

Berger P.L./Luckmann Th. (1969): Die gesellschaftliche Konstruktion der Wirklichkeit. Frankfurt am Main.

Bericht des Arbeitskreises der Bezirksregierungen (1986). Vervielfältigtes Manuskript. München.

Blau P.M./Scott W.R (1973): Professionelle und bürokratische Orientierung in formalen Organisationen dargestellt am Beispiel der Sozialarbeiter. In: Otto H.-U./Utermann K. (Hrsg.): Sozialarbeit als Beruf. 125-139. München.

Blinkert B. (1988): Die Ausbreitung von Randständigkeit. Eine Untersuchung über die zunehmende Belastungen von Individuen, Haushalten und Kommunen mit strukturell verursachten sozialen Problemen in Freiburg. In: Blätter der Wohlfahrtspflege 4/1989, 89.

Bloesy S./Kreft D./Strack G. (1989): Projekt- und Sozialmanagement in der sozialen Arbeit. Berlin: Sozialpädagogisches Institut.

Bobzien M./Stark W. (1988): Über das „Innenleben" von Selbsthilfegruppen. „Empowerment" als Selbstverständnis und Arbeitsprinzip. In: Selbsthilfezentrum: Zurück in die Zukunft. 196-267. München.

Bobzien M./ Stark W./ Straus F.(1996): Qualitätsmanagement. Alling.

Bodenbender W. (1989): Staat und freie Wohlfahrtspflege: Autonomie und staatliche Abhängigkeit von Wohlfahrtsverbänden als Ergebnis von Konzeptionen und Organisationsstrukturen. In: Blätter der Wohlfahrtspflege, 2/1989, 59-60.

Brauns H.-J. (1990): Zur Infrastruktur für kleinere und mittlere soziale Organisationen. In: Soziale Arbeit 1/1990, 7-10.

Brose H.-G./Hildenbrand B. (1988): Biographisierung von Erleben und Handeln.In: Brose H.G:/Hildenbrand B. (Hrsg.): Vom Ende des Individuums zur Individualität ohne Ende. Opladen.

Brossard M./Maurice M. (1974): Betriebliche Organisationsstrukturen im internationalen Vergleich. In: Soziale Welt, 4/1974, 432-454.

Burns T./Stalker G.M. (1971): Mechanistische und organische Systeme. In: Mayntz R. (Hrsg.): Bürokratische Organisation, 147-154. Köln/Berlin.

Capra F. (1984): Das Tao der Physik. Die Konvergenz von westlicher Wissenschaft und östlicher Weisheit.

Coser L.A. (1972): Theorie sozialer Konflikte. Neuwied/Berlin.

Cyert R.M./March J.G. (1963): A Behavioral Theory of the Firm. Englewood Cliffs

Dahrendorf R. (1957): Soziale Klassen und Klassenkonflikt in der industriellen Gesellschaft. Stuttgart.

Dahrendorf R. (1962): Elemente einer Theorie des sozialen Konflikts. In: Dahrendorf R.:Gesellschaft und Freiheit, 197-236. München.

Dahrendorf R. (1962): Die Funktionen sozialer Konflikte. In: Dahrendorf R.: Gesellschaft und Freiheit, 112-132. München.

Dahrendorf R. (1962): Struktur und Funktion. Talcott Parsons und die Entwicklung der soziologischen Theorie. In: Dahrendorf R.: Gesellschaft und Freiheit, 49-84. München

Deutsche Gesellschaft für Sozialarbeit e.V. (1991): Management in der Sozialarbeit. In: Blätter der Wohlfahrtspflege 1/1991, 34-35.

Dewe B./Ferchhoff W. (1987): Abschied von den Professionen oder die Entzauberung der Experten - Zur Situation der helfenden Berufe in den 80er Jahren. In: Archiv für Wissenschaft und Praxis der sozialen Arbeit 2/1987, 147-182.

Eberbach P. (1991): Der Trend zum ganzheitlichen Management. In: Socialmanagement 1/1991, 43-45.

Eberbach P. (1994): Die unendliche Geschichte von Chaos und Ordnung. In: Maelicke B. (Hrsg.): Beratung und Entwicklung sozialer Organisationen. 53-72. Baden-Baden.

Engelhardt H.D. (1988): Selbsthilfeinitiativen als Herausforderung für die psychosoziale Versorgung. In: Selbsthilfezentrum München (Hrsg.): Zurück in die Zukunft.164-180. München.

Engelhardt H.D./Schwarz G. (1989): Welche Organisationsform ist für den Kreisjugendring als Träger von 40 Jugendfreizeitstätten angemessen? In: Sandmann J. (Hrsg.): Innovation statt Resignation. 90-118. München.

Engelhardt H.D. (1992): Innovation durch Organisation. Unterwegs zu problemangemessenen Organisationsformen. 2. Aufl. München.

Engelhardt H.D. (1993): Was bedeuten Organisations- und Personalentwicklung prinzipiell für die soziale Arbeit. In: SOZIAL EXTRA 10/1993, 4-10.

Engelhardt H.D./Simeth A./Stark W. (1995): Was Selbsthilfe leistet. Freiburg.

Engelhardt H.D./ Graf P./ Schwarz G.(1996): Organisationsentwicklung. Alling.

Engelhardt H.D.(1999): Sozialmanagement, In: Gemeinsam leben 7 (1999)1, 4-11.

Esser H. (1988): Gesellschaft ohne Personen - Individualismus ohne Individuen. In: Soziologische Revue 3/1988, 263-267.

Etzioni A. (1967): Soziologie der Organisationen. München.

Fehlau E.G. (1994): Unternehmenskultur im Non-Profit-Bereich. In: Maelicke B. (Hrsg.): Beratung und Entwicklung sozialer Organisationen, 73-86. Baden-Baden.

Ferchhoff W. (1990): Alltagsweltliches und wissenschaftliches Wissen in Professionalisierungskonzepten. In: Soziale Arbeit 12/1990, 441-447.

Freier D. (1989): Soziale Dienstleistungen zwischen Reglementierung und Wettbewerb. Überlegungen zur zukünftigen Entwicklung. In: Nachrichtendienst des Deutschen Vereins für öffentliche und private Fürsorge 11/1989, 369-371,

Freier D. (1991): Mehr Markt und weniger Dirigismus in der Sozialen Arbeit. In: Lewkowicz M. (Hrsg.): Neues Denken in der sozialen Arbeit.112-120. Freiburg.

Gehrmann G./Müller K.D. (1988): Organisationsentwicklung - eine Chance für soziale Dienste. In: Sozialmagazin 1/1988. 34-40.

Gehrmann H.-J. (1980): Sozialadministration und Sozialplanung - Bedürfnistheoretische Überlegungen zur Reform sozialer Dienste. In: Müller S./ Otto H.-U. (Hrsg.): Sozialarbeit als Sozialbürokratie? Zur Neuorganisation sozialer Dienste. Neue Praxis Sonderheft 5.

Gernert W. (Hrsg.): Sozialarbeit auf dem Prüfstand. Fachlicher Anspruch - Verwaltungskontrolle. Freiburg 1988.

Gernert W. (1988): Chancen einer sozialpädagogisch orientierten Erfolgskontrolle. In: Gernert W. (Hrsg.): Sozialarbeit auf dem Prüfstand. 155-167. Freiburg.

Greenfield T.B. (1975): Organisationen als soziale Erfindungen: Analysen über Veränderung - neu überdacht. In: Gruppendynamik 1/1975, 2-21.

Gomez P./Zimmermann T. (1993): Unternehmensorganisation. Profile, Dynamik, Methodik. 2.Aufl. Frankfurt am Main/New York.

Gross P. (1982): Der Wohlfahrtsstaat und die Bedeutung der Selbsthilfebewegung. In: Soziale Welt 1/1982, 26-48.

Gross P./Badura B. (1977): Sozialpolitik und soziale Dienste: Entwurf einer Theorie personenbezogener Dienstleistungen. In: Ferber C.v./Kaufmann, F.-X. (Hrsg.): Soziologie und Sozialpolitik. Kölner Zeitschrift für Soziologie und Sozialpsychologie Sonderheft 19,361-385.

Halfmann J./Japp K.P. (1981): Grenzen sozialer Differenzierung - Grenzen des Wachstums öffentlicher Sozialdienste. In: Zeitschrift für Soziologie 3/ 1981, 244-255.

Hartmann H. (1964): Funktionale Autorität. Stuttgart.

Hartmann H. (1990): Die Konsequenzen des EG - Binnenmarktes für soziale Dienstleistungen. In: Blätter der Wohlfahrtspflege 2/1990, 43-46.

Hegner F. (1991): Welche Mischung von Staat, Markt und Selbsthilfe ist die richtige? In: Lewkowicz M.(Hrsg.): Neues Denken in der sozialen Arbeit,121-142. Freiburg.

Heiner M. (1986): Evaluation und Effektivität in der sozialen Arbeit. Modelle, Methoden, Erfahrungen. In: Oppl H./Tomaschek A. (Hrsg.): Sozialarbeit 2000. Modernisierungskrise und soziale Dienste. Freiburg.

Heiner M. (Hrsg.): Selbstevaluation in der sozialen Arbeit. Freiburg, 1988.

Henningsen B. (1990): Europas vernachlässigte soziale Dimension. In: Blätter der Wohlfahrtspflege 2/1990, 39-43.

Hoefert, H.-W. (1990): Sozialmanagement - Orientierung an industriellen Vorbildern? In: Soziale Arbeit 1/1990.

Hopfenbeck, W. (1994): Allgemeine Betriebswirtschafts- und Managementlehre. 8.Aufl. Landsberg/Lech.

Jarre D. (1990): Vereine und Verbände im „Neuen Europa". In: Nachrichtendienst des Deutschen Vereins für öffentliche und private Fürsorge 9/1990, 310-316.

Jaspert W. (1994) Zwischen Mudra und Kaizen. In: SZ 174/1994, 23.

Keupp H./Röhrle B. (Hrsg.): Soziale Netzwerke. Frankfurt am Main, New York 1987.

Kießler/Hauschildt K. (1972): Unternehmensorganisation. Hat sich das Linie-Stab-Prinzip überlebt? In: Wirtschaftswoche 1972, 23-26.

Kreutzer P. (1969): Zur Organisation der kommunalen Sozial- und Jugendhilfe. In: Nachrichtendienst des Deutschen Vereins für öffentliche und private Fürsorge 3/1969, 71-75.

Kreutzer P./Kretzer E. (1975): Das Trierer Modell - eine Bestandsaufnahme. In: Nachrichtendienst des Deutschen Vereins für öffentliche und private Fürsorge 3/1975, 66-71.

Kreutzer P. (1981): Zur Neuorganisation der kommunalen Sozial- und Jugendhilfe. Frankfurt am Main.

Kuby O. (1990): Aufgaben des Wirtschafts- und Sozialausschusses der EG. In: Nachrichtendienst des Deutschen Vereins für öffentliche und private Fürsorge, 9/1990, 285-288.

Kudera S. (1977): Organisationsstrukturen und Gesellschaftsstrukturen. In: Soziale Welt 1,2/1977, 16-38.

Kühn D. (1980): Historisch-systematische Darstellung von Neuorganisationsmodellen der kommunalen Sozialverwaltung. In: Müller S./Otto H.-U. (Hrsg.): Sozialarbeit als Sozialbürokratie. Zur Neuorganisation sozialer Dienste. Neue Praxis Sonderheft 5, 90-105.

Kuper B.-O. (1990): Ecomonie sociale - eine Herausforderung an die Freie Wohlfahrtspflege? In: Nachrichtendienst des Deutschen Vereins für öffentliche und private Fürsorge 9/1990, 307-309.

Lawrence P.R./Lorsch J.W. (1967): Organization and Environment: Managing Differentiation and Integration. Boston.

Leibfried S. (1990): Sozialstaat Europa? Integrationsperspektiven europäischer Armutsregimes. In: Nachrichtendienst des Deutschen Vereins für öffentliche und private Fürsorge 9/1990, 295-305.

Litwak E. (1971): Drei alternative Bürokratiemodelle. In: Mayntz R. (Hrsg.): Bürokratische Organisation, 117-126. Köln/Berlin.

Luhmann N. (1984): Soziale Systeme - Grundriß einer allgemeinen Theorie. Frankfurt am Main.

Mahnkopf B. (1989): Die dezentrale Unternehmensorganisation - (K)ein Terrain für neue Produktionsbündnisse? In: Prokla 3/1989, 27-49.

Maydell B.v. (1990): Die Stellung der Sozialhilfe im Gesamtsystem sozialer Sicherung - Ausblick auf den gemeinsamen europäischen Binnenmarkt. In: Nachrichtendienst des Deutschen Vereins für öffentliche und private Fürsorge 3/1990, 173-185.

Mayntz R. (Hrsg.): Bürokratische Organisation. Köln und Berlin 1971.

Mayntz R. (1977): Struktur und Leistung von Beratungsgremien: Ein Beitrag zur Kontingenztheorie der Organisation. In: Soziale Welt 1/2/1977, 1-16.

Mayntz R. (1969): Soziologie der Organisation I. Theoretische Aspekte. In: Handbuch der empirischen Sozialforschung II. 444-467. 2.Aufl. Stuttgart.

Mayo E. (1945): Probleme industrieller Arbeitsbedingungen. Frankfurt.

Merchel J. (1989): Vernetzung der sozialen Dienste. Probleme der Kooperation zwischen behördlichen Trägern, verbandlichen Trägern, Initiativ- und Selbsthilfegruppen. In: Soziale Arbeit 1/1989, 17ff.

Merton, R.K. (1968): Social Theory and Social Structure. New York.

Minssen H. (1990): Kontrolle und Konsens. Anmerkungen zu einem vernachlässigten Thema der Industriesoziologie. In: Soziale Welt 3/1990, 365-382.

Müller-Schöll A./Priepke M. (1989): Sozialmanagement. 2. Aufl. Frankfurt am Main.

Nedelmann B. (1986): Soziale Problem und Handlungsflexibilität. In: Oppl H./Tomaschek A. (Hrsg.): Sozialarbeit 2000, 13-42. Freiburg.

Parsons T. (1951): The Social System. Glencoe.

Parsons T. (1961): An Outline of the Social System. In: Parsons T./Shils E./Maegele K.D./Pitts J.R. (Hrsg.):Theories of Society, 30-85.Glencoe.

Pfeffer J. (1978): The Micropolitics of Organizations. In: Meyer M.W. (Hrsg.): Environment and Organizations, 29-50. San Francisco.

Preißler P.R./Ebert G./Koinecke J./Peemöller V. (1993): Controlling. Landsberg am Lech.

Psychiatriekonzept des Bezirks Oberbayern (1994), vervielfältigtes Manuskript München.

Roethlisberger F.J./Dickson W.J. (1939): Management and the Worker. Cambridge Mass.

Röhrle B./Stark W. (Hrsg.): Soziale Netzwerke und Stützsysteme. Perspektiven für die klinisch-psychologische und gemeindepsychologische Praxis. Tübingen 1985.

Schmidbauer W. (1977): Die hilflosen Helfer. Über die seelische Problematik der helfenden Berufe. Reinbek.

Schwarz G. (1994): Sozialmanagement. München.

Schwarz G. (Hrsg.): Profil und Professionalität. Praxis der Sozialarbeit im Umbruch. München 1993.

Schwarz H. (1983): Betriebsorganisation als Führungsaufgabe. 9.Aufl. München.

Schwarz P. (1986): Management in Nonprofit- Organisationen. In: Die Orientierung, Band 88, Schweizerische Volksbank.

Schwarz P. (1992): Management in Nonprofit Organisationen. Bern, Stuttgart, Wien.

Scott W.R. (1971): Konflikte zwischen Spezialisten und bürokratischen Organisationen. In: Mayntz R. (Hrsg.): Bürokratische Organisation, 201-216. Köln, Berlin.

Scott W.R. (1986): Grundlagen der Organisationstheorie. Frankfurt, New York. Originalausgabe: Organizations. Rational, Natural and Open Systems. New Jersey 1981.

Shimabukuro Y. (1982): Consensus Management in Japanese Industry. Tokyo.

Simmel G. (1908): Soziologie. Leipzig.

Sozialpädagogisches Institut Berlin (1984): Großstadtjugendämter und alternative Jugendprojekte und Initiativen. Schriftenreihe des Deutschen Städtetages Reihe D 16. Köln.

Taylor F.W. (1919): Die Grundsätze wissenschaftlicher Betriebsführung. München/Berlin.

Thompson J.D. (1967): Organization in Action. New York.

Tress D.W. (1983): Zum Verhältnis von Aufbau- und Ablauforganisation im System der betriebswirtschaftlichen Organisationslehre. In: Dieterle W./ Kaufhold K. et al.(Hrsg.): Unternehmensführung in Wissenschaft und Praxis, 299-319. Münster.

Trojan A. (Hrsg.): Wissen ist Macht. Eigenständig durch Selbsthilfe in Gruppen. Frankfurt am Main.

Vobruba G. (1989): Individualisierung und Solidarität. In: Prokla 3/1989, 60-69.

Weber M. (1956): Wirtschaft und Gesellschaft, Köln/Berlin.

Windhoff-Heritier A. (1989): Institutionelle Interessenvermittlung im Sozialsektor. Strukturmuster verbandlicher Organisation und deren Folgen. In: Leviathan 1989, 108-126.

Wöhrle A. (1993): Innovation durch Management. In: Sozialmagazin 7/8/ 1993, 13 ff.

Vester F. (1984): Neuland des Denkens. 2.Aufl. Stuttgart.

Woodward J. (1965): Industrial Organization: Theory and Practice. London.

Zacher H.F. (1990): Internationalisierung und Europäisierung sozialer Arbeit. In: Nachrichtendienst des Deutschen Vereins für öffentliche und private Fürsorge 9/1990, 283-285.

Zapf W. (1987): Individualisierung und Sicherheit. Untersuchung zur Lebensqualität in der Bundesrepublik. Frankfurt am Main/New York.

Ziegler R. (1969): Soziologie der Organisation II. Ergebnisse der empirischen Forschung. In: Handbuch der empirischen Sozialforschung II, 467 ff. 2. Aufl. Stuttgart.

144